GESTÃO DE PESSOAS

Consultoria interna de recursos humanos

Dados Internacionais de Catalogação na Publicação (CIP)
(Jeane Passos de Souza – CRB 8ª/6189)

Gestão de pessoas: consultoria interna de recursos humanos / organização de Juliana Camilo, Jussara Lemos Soares Penhalbel, Laura Marques Castelhano – São Paulo : Editora Senac São Paulo, 2018.

Bibliografia.
ISBN 978-85-396-2512-3 (impresso/2018)
e-ISBN 978-85-396-2513-0 (ePub/2018)
e-ISBN 978-85-396-2514-7 (PDF/2018)

1. Gestão de pessoas 2. Recursos humanos : Administração 3. Recursos humanos : Consultoria I. Camilo, Juliana. II. Penhalbel, Jussara Lemos Soares. III. Castelhano, Laura Marques. IV. Título.

18-829s CDD – 658.315
BISAC BUS030000

Índice para catálogo sistemático:
1. Gestão de pessoas : Administração 658.315
2. Recursos humanos : Consultoria : Administração 658.315

GESTÃO DE PESSOAS

Consultoria interna de recursos humanos

Juliana Camilo
Jussara Lemos Soares Penhalbel
Laura Marques Castelhano
(orgs.)

Editora Senac São Paulo – São Paulo – 2018

ADMINISTRAÇÃO REGIONAL DO SENAC NO ESTADO DE SÃO PAULO
Presidente do Conselho Regional: Abram Szajman
Diretor do Departamento Regional: Luiz Francisco de A. Salgado
Superintendente Universitário e de Desenvolvimento: Luiz Carlos Dourado

EDITORA SENAC SÃO PAULO
Conselho Editorial: Luiz Francisco de A. Salgado
Luiz Carlos Dourado
Darcio Sayad Maia
Lucila Mara Sbrana Sciotti
Jeane Passos de Souza

Gerente/Publisher: Jeane Passos de Souza (jpassos@sp.senac.br)
Coordenação Editorial/Prospecção: Luís Américo Tousi Botelho (luis.tbotelho@sp.senac.br)
Marcia Cavalheiro Rodrigues de Almeida (mcavalhe@sp.senac.br)
Administrativo: João Almeida Santos (joao.santos@sp.senac.br)
Comercial: Marcos Telmo da Costa (mtcosta@sp.senac.br)

Edição e Preparação de Texto: Heloisa Hernandez
Coordenação de Revisão de Texto: Luiza Elena Luchini
Revisão de Texto: Kimie Imai
Projeto Gráfico e Capa: Antonio Carlos De Angelis
Editoração Eletrônica: Manuela Ribeiro
Imagem da Capa: iStock
Impressão e Acabamento: Edições Loyola

EDITORA SENAC SÃO PAULO
Rua 24 de Maio, 208 – 3º andar – Centro – CEP 01041-000
Caixa Postal 1120 – CEP 01032-970 – São Paulo – SP
Tel. (11) 2187-4450 – Fax (11) 2187-4486
E-mail: editora@sp.senac.br
Home page: http://www.editorasenacsp.com.br

Sumário

Nota do editor

A principal função do consultor interno de RH é auxiliar os líderes de uma empresa a pensarem sobre os modelos de gestão adotados, bem como avaliar a dinâmica de uma organização e apontar soluções, a fim de que possam ser alcançados os resultados esperados. Nesse sentido, cabe ao consultor não só estar a par das atualidades e tendências mundiais, principalmente no que tange ao ambiente organizacional, como também compreender profundamente os objetivos de uma empresa e ter aguçada sensibilidade e conhecimento para avaliar profissionais e situações.

Gestão de pessoas: consultoria interna de recursos humanos traz dez artigos, escritos por diferentes especialistas e profissionais da área, que propõem a reflexão sobre temas relacionados ao cotidiano do consultor, abrangendo desde um panorama com as principais transformações ocorridas no campo macroeconômico, social e tecnológico até as principais demandas do consultor e as ferramentas de apoio ao seu trabalho.

Com este título, o Senac São Paulo espera contribuir para a formação e o aperfeiçoamento das atividades do consultor interno de recursos humanos.

Apresentação

O objetivo deste livro reflete os anseios da comunidade de gestão de pessoas e recursos humanos de acolher temas que destaquem um olhar necessário para uma prática complexa, que é a da consultoria interna de recursos humanos. Complexa porque exige do profissional que atua como consultor interno uma visão ampliada da estratégia do negócio, bem como profundidade em relação aos subsistemas e aos processos de recursos humanos, sem perder a essência da gestão de relações e pessoas.

Convidamos o leitor para percorrer esse caminho conosco. Nosso intuito é, por meio dos capítulos, abordar temas que fazem parte do cotidiano e das exigências de quem trabalha como Consultor Interno de Recursos Humanos (CIRH) nas organizações.

O capítulo 1, "Entendendo o negócio: o Consultor Interno de Recursos Humanos (CIRH) e o contexto atual", contextualiza o cenário atual, discutindo como as mudanças macroeconômicas e sociotecnológicas – e seus respectivos impactos no mercado de trabalho – impõem desafios organizacionais.

O capítulo 2, intitulado "O papel do consultor interno", reflete sobre o papel esperado do CIRH e as competências e os comportamentos essenciais para a prática, alinhando gestão de pessoas aos negócios.

Na sequência, o capítulo 3, "O consultor interno e a gestão por competências", traz uma questão importante sobre como o conhecimento representa uma vantagem competitiva para a sobrevivência no mundo dos negócios e como isso deve estar alinhado à gestão e ao desenvolvimento das competências.

Para uma visão geral de quais informações e reflexões o consultor precisa para intervir em alguma demanda ou diagnóstico, no capítulo 4, "Caixa de ferramentas do consultor interno", são apresentadas ferramentas práticas relacionadas à composição de um diagnóstico assertivo e um método de intervenção.

O capítulo 5, "Gestão da cultura organizacional", expõe o que é cultura organizacional, como ela se constrói, como se consolida e como potencializa resultados ou destrói valor das empresas, e reflete sobre a relevância do tema para a implementação de ações de recursos humanos.

Abordando uma questão complexa, temos o capítulo 6, "Conflitos, negociação e ação do consultor", que retrata o tema não só sob o ponto de vista conceitual, mas também considerando a necessidade de preparação dos consultores internos na gestão de conflitos, com a compreensão de técnicas para o alcance de objetivos organizacionais.

No capítulo 7, "Um bom clima organizacional melhora os resultados da empresa. Mito ou verdade?", a autora traz uma discussão sobre as mediações e gestão do clima e o papel do consultor interno na melhoria do clima organizacional.

O capítulo 8, "Desenvolvimento de pessoas e colaboração: como o *design thinking* pode apoiar a estratégia de recursos humanos", objetiva explicar o passo a passo da aplicação da técnica e demonstra como a proposição do olhar de um *designer* pode apoiar o consultor interno em ações para o desenvolvimento organizacional.

A forma como a elaboração de um projeto de *assessment* e suas contribuições apoiam a estratégia e o desenvolvimento das pessoas estão retratadas no capítulo 9, "Como estruturar um projeto de *assessment*: mapeamento de perfil".

Encerramos o livro com o capítulo 10, "Autorreflexão: plano de ação para a formação do consultor interno", que propõe uma reflexão e autocrítica sobre os recortes de análise que são importantes para apoiar o desenvolvimento do consultor interno, trazendo o autoconhecimento como instrumento de desenvolvimento contínuo.

Juliana Camilo
Jussara Lemos Soares Penhalbel
Laura Marques Castelhano

1. Entendendo o négocio: o Consultor Interno de Recursos Humanos (CIRH) e o contexto atual

Fabiano Mathias Costa Molina*

"Não vivemos uma época de mudança, mas uma mudança de época" (V CONGRESSO DA IGREJA ITALIANA, 2015). A frase, formulada tempos atrás e retomada recentemente por Papa Francisco, retrata com perfeição a dinâmica social, econômica e política que vivemos atualmente em âmbito global. O ambiente de negócios obviamente não poderia ficar de fora dessa tendência.

Desde a década de 1980, o mundo vive um aumento exponencial de movimentos de transformação, gerando no tecido social uma certeza: tudo muda. Globalização, a formação de blocos econômicos, migração da força de trabalho para regiões mais interessantes ao capital, o desenvolvimento da tecnologia em espaços de tempo cada vez menores, discussões sobre sustentabilidade e responsabilidade social, estudos sobre a sociedade do conhecimento (AMBROSI, 2005; PEUGEOT, 2005; PIMIENTA, 2005), entre outros, são temas que começaram a fazer parte da agenda das empresas e das universidades, desde o fim do século passado. Vivemos na época das mudanças.

Ao fazermos um recorte em um período de tempo mais recente, é possível notar que a natureza e a velocidade das mudanças têm se alterado. Cada vez mais rápido e mais profundamente, a sociedade tem sido impactada por transformações

* Formado em engenharia de produção pela UFRJ, Fabiano possui MBA executivo em gestão de negócios pela COPPEAD/UFRJ e pós-graduação em gestão do capital humano pela FIA/USP. Com mais de vinte anos de carreira em recursos humanos, ele exerceu a função de head de RH por sete anos e trabalhou em empresas relevantes do mercado. Contato: fabiano.mathias@globo.com.

que não só propõem uma nova forma de produção ou uma nova forma de relacionamento social, mas repensam e desafiam verdades e crenças constituídas. Não se trata mais de mudanças marginais, mas de uma verdadeira transformação, que não sabemos ainda aonde nos levará e que consequências trará. Não vivemos mais em uma época de mudanças, mas estamos participando ativamente de uma mudança de época.

1.1 AMBIENTE VUCA

Essa mudança de época tem se caracterizado nos ambientes de negócios pelo que se convencionou chamar, adotando a sigla em inglês, de ambiente VUCA (Volátil, Incerto, Complexo e Ambíguo) (MARCK et al., 2016; KINSINGER, P.; WALCH, K., [201?]).

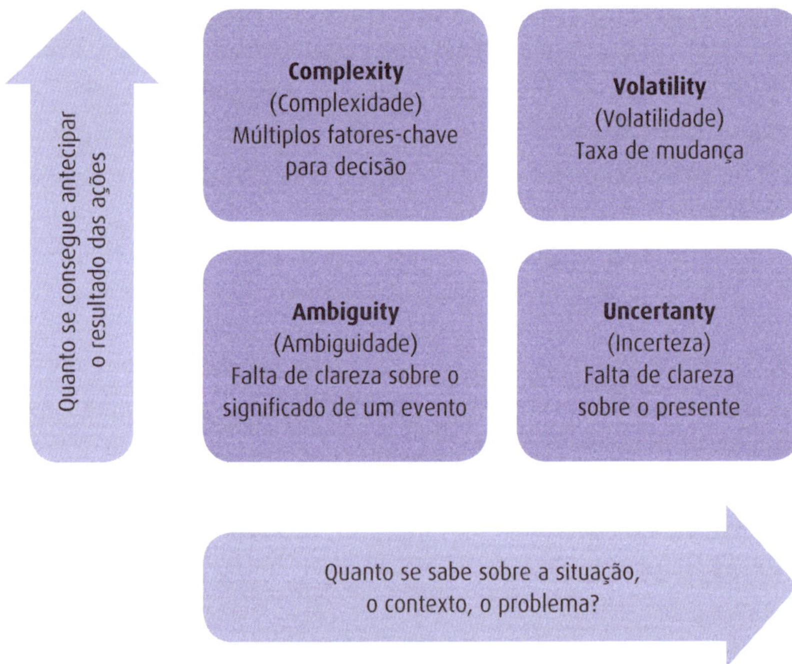

Figura 1. **Ambiente VUCA**
Fonte: VComply Editorial (2017).

O ambiente de negócios atual é impactado por uma enorme e crescente taxa de mudança, causada, entre outros fatores, pela evolução exponencial da tecnologia, pela frenética busca por produtividade e pela evolução de estruturas organizacionais e relações de trabalho. O fato é que esse ambiente de mudanças constantes se torna **volátil** e impele que cada empresa esteja sempre atenta às tendências e demandas do mercado no qual está inserida para se adequar a elas. Mais adiante, ainda neste capítulo, veremos algumas tendências que podem afetar a forma das empresas competirem.

Seguindo em sentido horário na figura 1, podemos notar que a **incerteza** de um ambiente VUCA é dada pelo fato de que a realidade organizacional não é totalmente clara, fruto da volatilidade que descrevemos no parágrafo anterior. De fato, existem várias possibilidades para se ter sucesso ou mesmo fracassar. Isso nos leva à terceira característica do atual ambiente de negócios, a **ambiguidade**. Dizer que um ambiente de negócios é ambíguo é afirmar que existem interesses e forças muitas vezes divergentes em uma organização e até mesmo ao seu redor. O desafio do CIRH é conviver com essas forças e canalizar seus interesses em prol dos objetivos organizacionais definidos. A última característica do atual ambiente de negócios é a **complexidade**. Não raro, a solução de uma demanda depende de diversas áreas e múltiplas competências. O mundo dos negócios deixou de ser um jogo de talento único para se tornar um conjunto multivariado de competências, em que a resposta a uma demanda está condicionada a diversos fatores-chave.

Um profissional de RH, notadamente o CIRH, deve levar em consideração as características desse ambiente quando propuser soluções de recursos humanos que subsidiem e suportem as demandas de um negócio.

1.2 MUNDO EM TRANSFORMAÇÃO

Em uma mudança de época, é impossível para qualquer estudioso ou profissional prever o final da estrada. Contudo, devemos estar atentos às possibilidades e às reflexões que tais movimentos nos proporcionam, seus impactos em nossas vidas e na maneira como enfrentamos os desafios profissionais que nos são oferecidos.

Algumas das novas tendências serão descritas a seguir, sem, no entanto, termos a pretensão de sermos extensivos e contemplarmos a totalidade das frentes de transformação existentes.

1.2.1 Vivemos em um mundo com informação em tempo real e com necessidade de transparência

É inexorável: todos nós temos acesso rápido e em tempo real a um significativo número de informações. O exemplo mais banal dessa realidade talvez sejam os aplicativos colaborativos de rotas e trânsito que temos em nossos *smartphones*. Qual o melhor caminho? Onde se encontram áreas de risco em minha rota?, Como está a qualidade da via pela qual irei trafegar? As respostas a essas questões estão na palma da mão e em tempo real.

Essa extraordinária potencialidade de informação cria, como elemento social, um indivíduo acostumado a ter respostas imediatas às suas necessidades. Esse fenômeno tem um impacto relevante nas relações dentro das organizações e deve ser levado em consideração, pois irá constituir um desafio importante a qualquer profissional de qualquer área.

Além da prontidão da informação, temos que salientar o fato de que ela está disponível a quem quiser buscar. Na era do conhecimento (AMBROSI, 2005; PEUGEOT, 2005; PIMIENTA, 2005), os conteúdos são cada vez mais acessíveis a quem quiser e souber buscá-los. Como consequência, temos uma condição de transparência em um nível nunca observado antes. Nesse contexto, podemos nos fazer uma série de perguntas que por si só pode exemplificar o impacto para as organizações dessa disponibilidade de informações em tempo real: sua empresa tem uma boa relação com seus funcionários? Isso está explícito em portais de avaliação de marcas empregadoras. Você tem um bom serviço para seu cliente? Ótimo, terá boa nota em sites de avaliação de negócios espalhados pela web; sua repartição pública fez uma boa gestão de gastos? A sociedade poderá acompanhar seu desempenho pelos sites de transparência. Vivemos uma época na qual "o rei está nu" - e isso é bom.

1.2.2 Uma economia colaborativa baseada no acesso

Aos poucos, vemos uma passagem do pensamento do *ter* para o *ser* (FROMM, 1982; BAUDRILLARD, 1995). Em um mundo em que buscamos nosso propósito, onde cada vez mais nos interessa o sentido das coisas, uma mudança gradual da posse para o compartilhamento vem ganhando espaço e gerando o que se convencionou chamar de economia colaborativa (BELK, 2014).

Caronas solidárias, o crescimento de negócios baseados no uso e não na posse (aluguel de carro, assinatura de celulares, empresas que disponibilizam serviços de locomoção, acesso a músicas por *streams*, ao invés de CDs e DVDs) são alguns exemplos.

Nesse contexto, o consumo tem se inserido em um contexto que se demonstra mais consciente e amplo. Os consumidores, além de questões relacionadas diretamente ao produto ou serviço procurado, têm interesse também por aspectos relacionados à forma como as organizações atuam: por que comprar de uma determinada empresa que favorece o trabalho em condições que não são dignas? Por que ter esse produto que, em sua fabricação, não levou em conta as necessidades de segurança dos usuários? Por que apoiar uma empresa que não se preocupa com a comunidade onde está inserida? Seja por uma mudança de percepção, seja pela busca de um propósito, ou seja, pela disponibilidade das informações (como vimos na tendência anterior), o fato é que a dinâmica do consumo tem se alterado em todo o mundo.

1.2.3 De produto para serviços: a vez da experiência

Cada vez mais, ter um produto diferente, superior ao da concorrência, é um desafio que pode lograr êxito por um período pequeno de tempo. Exceção feita para mercados e empresas específicas, o que se verifica à disposição do grande público são produtos "comoditizados", com ciclos de vida cada vez mais curtos. O diferencial crescente está na experiência que seu cliente – pessoa ou empresa – tem ao se relacionar com o seu negócio. O que tem diferenciado os competidores é a qualidade do serviço oferecido e a experiência dos consumidores ao entrar em contato com sua empresa.

Nesse ponto, poderíamos oferecer diferentes exemplos para explicar essa afirmação. Irei me ater a duas breves considerações, que desvelam um significativo espaço de possibilidades.

Imaginem uma empresa que atue no comércio eletrônico e que tenha produtos de qualidade, assim como seus concorrentes (os mesmos produtos!). O que atrai um consumidor a comprar em um determinado website e não em outro? Provavelmente a decisão envolve três fatores: preço, prazo de pagamento e prazo de recebimento do produto. Mas o que faz o consumidor escolher em que site comprar não necessariamente é o que define quanto ele ficou satisfeito com a compra.

A experiência que ele teve durante o processo de compra (o site é amigável? Fácil de usar? O produto estava disponível? Ele se sentiu seguro ao pagar?) e a experiência que ele teve após a compra (o produto chegou no tempo combinado? Ele teve opções para receber o produto? Conseguiu rastrear o produto entre a compra e o recebimento? A cobrança foi correta?) certamente serão fatores de fidelização e até mesmo de ampliação do valor da compra feita.

Para dar um segundo exemplo sobre a importância da experiência de compra para um cliente, pensemos em alguém que decide comprar uma televisão para si ou para dar de presente. Entre as opções existentes, separadas por faixa de preço, podemos afirmar que a tecnologia entre marcas e varejistas não sofrem grande variação. Mas entrar em uma loja, com vendedores atenciosos, que conhecem os produtos que vendem, que entendem a necessidade do cliente e que estão prontos a oferecer uma solução ampla e adequada de produtos e serviços, certamente, distinguirá uma experiência de compras de outra.

O sucesso desse jogo passa por garantir as condições adequadas do produto, mas passa também por quais serviços podemos agregar para melhorar a experiência de nosso cliente.

1.2.4 O *big data* e a inteligência artificial

Uma quarta tendência observada hoje é utilização do *big data* (TAURION, 2013) e da inteligência artificial (RUSSEL, 2014; NORVIG, 2014) na gestão de negócios e na formulação de soluções corporativas. O *big data* é a utilização de enormes quantidades de informações e dados disponíveis, estruturados ou não, processados por supercomputadores como apoio à gestão e à tomada de decisões em uma organização; já a inteligência artificial pode ser entendida como o ramo da ciência da computação que se propõe a desenvolver máquinas inteligentes capazes de tomarem decisões e resolverem problemas sem a interferência humana.

Inúmeras empresas já usam o *big data* em processos de interpretação do comportamento e de propensão às compras de seus clientes, enquanto outras usam a inteligência artificial, por exemplo, em seus processos de recrutamento ou em suas centrais de atendimento a clientes. O fato é que essa tendência, ainda em processo inicial e restrita a algumas realidades no Brasil, tem vivido um processo acelerado de desenvolvimento em nosso país e de consolidação em economias mais desenvolvidas.

1.2.5 GIG Economy

O termo GIG Economy (McGOVERN, 2017; MULCAHY, 2016) é usado para definir a compra pontual de um serviço, para um trabalho ou para um projeto específico. A GIG Economy se baseia na economia compartilhada (*sharing economy*) em que um determinado profissional pode vender suas competências para mais de uma empresa sem vínculo empregatício.

Apesar de suscitar questões trabalhistas que devem ser enfrentadas, sobretudo no Brasil, a GIG Economy se fortalece na demanda de consumidores que podem contar com profissionais com determinadas competências a preços acessíveis, em ambientes de fácil uso e que disponibilizam avaliações do profissional feitas por outros clientes.

1.2.6 Hiato de gerações

Estamos em um tempo da história humana no qual talvez esteja coexistindo um maior número de gerações diferentes. São pessoas de gerações variadas vivendo, trabalhando e colaborando como talvez nunca tenha se visto antes. O aumento da expectativa de vida e a diminuição das distâncias, dada pelo efeito das redes sociais e pela massificação dos meios de transporte, certamente têm papel relevante nesse fenômeno.

O fato é que gerações distintas, com perspectivas diversas, muitas vezes com valores e competências diferentes, convivem juntas, trabalham e demandam produtos e serviços ao mesmo tempo. Esse pode ser um tempo de enorme riqueza cultural e também de confrontos intensos.

Essas seis tendências mostram um mundo em transformação, um mundo de oportunidades e também de riscos. Um mundo em que podemos alterar, não somente, *o que* fazemos e *como* fazemos, mas no qual temos também a oportunidade de repensarmos quem somos. Os impactos nas empresas e, mais especificamente, no setor de recursos humanos são enormes e imprevisíveis.

1.3 A RESPOSTA DAS EMPRESAS

Diante desse cenário, as empresas são desafiadas em quatro dimensões e precisam considerar o ambiente no qual estão inseridas para responderem adequadamente a eles.

1.3.1 O desafio da estratégia

Entender a estratégia da empresa é fator fundamental de sucesso para que o CIRH possa exercer seu papel em toda sua amplitude. Eis alguns exemplos de perguntas que podem e devem ser feitas pelo CIRH: Como minha empresa compete? O que é importante para ela se diferenciar e ter uma proposta de valor sustentável no ambiente de negócios no qual está inserida? O que ela escolheu como caminho estratégico: ser a maior ou ser a melhor? Não há resposta certa ou errada para tais questões, mas cada uma carrega consigo consequências. O importante é que, tendo definida uma linha estratégica, a empresa consiga manter uma coerência organizacional em todos os seus desdobramentos.

Uma empresa pode, por exemplo, decidir competir baseada na diferenciação, o que significa que ela deverá prover a seus clientes produtos e serviços superiores aos da concorrência. Provavelmente, o CIRH deverá ajudar seus líderes a desenvolver uma equipe extremamente capacitada, com forte conhecimento de mercado, capaz de gerar produtos e serviços superiores. Mas, por outro lado, uma empresa pode decidir competir baseada em custos baixos. Nesse sentido a qualidade do produto/serviço oferecido não será tão relevante quanto o preço e a disponibilidade dos mesmos. Nesse cenário, o CIRH deverá ajudar seus líderes a desenvolver um processo produtivo (estrutura organizacional, sistemas e processos) o mais econômico possível.

1.3.2 O desafio da inovação

Em um mundo em constante transformação, no mercado em que estou inserido, é essencial ser o pioneiro no jogo da inovação? Que ganhos e custos esse posicionamento me oferece? Ou a competência essencial da empresa é a capacidade de entender o movimento da concorrência e adaptar seus produtos e serviços à nova realidade do mercado de uma maneira ágil, porém não de vanguarda?

As perguntas anteriores revelam um dos aspectos relacionados à questão da inovação que deve ser enfrentado e respondido por toda a empresa.

Porém, cada vez mais a inovação trazida a patamares operacionais dialoga com a maneira como realizamos as tarefas. Cada vez mais as empresas entendem que inovar é criar novas maneiras de fazer as tarefas e os processos cotidianos que gerem algum ganho para as empresas: tempo, qualidade, custo, etc. Nesse sentido, inovar é preocupação de todas as empresas, esteja ela focada em ganhos marginais ou na busca de soluções disruptivas.

1.3.3 O desafio do desempenho

A última questão aberta no desafio da inovação nos coloca diante do terceiro dilema das empresas: como ter um ambiente organizacional cada vez mais produtivo? Esse é um tema que afeta o cerne do trabalho do CIRH.

A resposta a essas perguntas estão relacionadas a diferentes tópicos: engajamento de colaboradores, estrutura organizacional, processo de comunicação, governança e cultura corporativa. Todos esses temas podem e devem ser trabalhados pelo CIRH à luz da estratégia corporativa, do ambiente de negócios em que a empresa está inserida e das tendências de mercado que vimos na seção 1.2 deste capítulo.

Seja qual for o caminho que a empresa e o CIRH trilhem para responder ao desafio do desempenho, ele estará ligado intimamente ao quarto e último desafio posto para qualquer empresa que deseje ser bem-sucedida em um ambiente VUCA, como veremos a seguir.

1.3.4 O desafio dos processos

No Brasil, temos a tendência de relegar a segundo plano esse último desafio como se tivesse uma importância menor. Mas entender profundamente seus processos-chave, aqueles essenciais para o bom desempenho da empresa, é também fator fundamental de sucesso.

Processos simples, claros, padronizados e bem documentados ajudam a diminuir variâncias e desperdícios, o que tem impacto na qualidade e no custo. Em um ambiente no qual as empresas estão cada vez mais se associando (por meio de aquisições, fusões, parcerias) e no qual novas formas de relações estão aparecendo (como vimos na GIG Economy), ter processos estruturados, flexíveis e bem documentados pode ser uma vantagem competitiva importante.

1.4 A INSERÇÃO DA CONSULTORIA INTERNA DE RECURSOS HUMANOS NO CONTEXTO ATUAL

Ante um contexto rico em mudanças e considerando os quatro desafios pertinentes a todo o tipo de organização, qual a contribuição do CIRH para o desenvolvimento do negócio?

A resposta a essa pergunta é tão complexa quanto o ambiente corporativo, seus objetivos e sua maturidade organizacional. O certo é que a função do consultor interno, também conhecido como business partner de RH (em inglês HRBP) ou somente business partner (BP), nasceu da necessidade de aproximar as áreas de RH do negócio.

Enquanto as áreas especializadas de RH (remuneração, treinamento e desenvolvimento, recrutamento e seleção, administração de pessoal e relações sindicais, entre outras) têm como função entender as tendências relacionadas à sua área de *expertise* para gerar soluções adequadas ao negócio, cabe ao BP entender profundamente o negócio no qual a empresa está inserida e, tendo uma visão generalista dos subsistemas de RH, ser o elo entre as áreas especializadas e os gestores de linha.

Aprofundaremos o papel do CIRH no capítulo 2 deste livro; nesse momento, precisamos entender que o CIRH é o agente facilitador do resultado das ações de RH, conforme mostra a figura 2. Ele será um ator importante para, partindo da estratégia de negócios de sua organização, contribuir com a construção e a execução de um sistema integrado de RH, no qual cada subsistema esteja alinhado com os demais, a fim de gerar um desempenho superior e contribuir com a sustentação da estratégia de RH e de negócios.

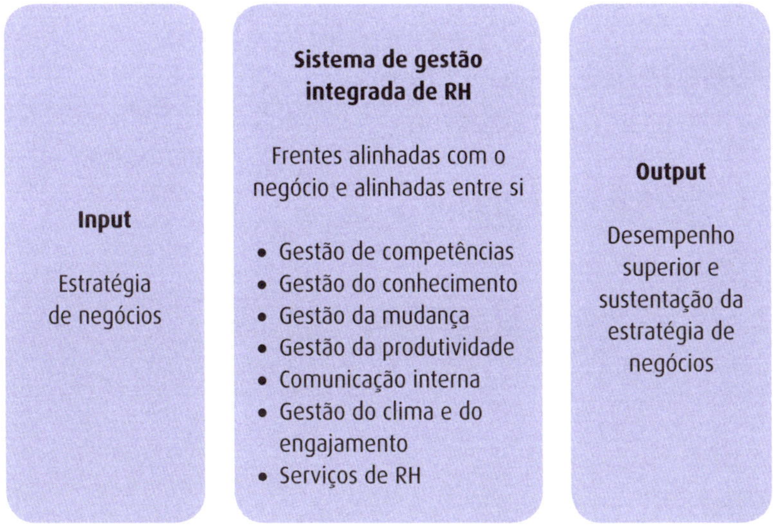

Figura 2. **Contribuição do CIRH**
Fonte: elaborada pelo autor.

Segundo o americano Peter Block (1991), consultor especializado, palestrante e autor de livros e trabalhos nos campos do engajamento cívico e do desenvolvimento organizacional, entre outros, "consultor é a pessoa que está em posição de ter alguma influência sobre um indivíduo, um grupo ou uma organização, mas que não tem poder direto para implementar mudanças" (BLOCK, 1991, p. 2).

Porém, diferentemente do consultor tradicional, profissional externo à estrutura organizacional da empresa, especialista em determinado tema e que trabalha com autonomia e imparcialidade, o CIRH, apesar de exercer função de mesma natureza de um consultor externo, faz parte do corpo de colaboradores da empresa, obedecendo suas relações hierárquicas e sob a influência das relações de poder naturais do ambiente corporativo.

Nesse sentido, para exercer com excelência a função de parceiro de negócios para temas do âmbito da gestão de recursos humanos, é pedido ao CIRH, entre outras competências, que transite e dialogue em todos os subsistemas da área. Podemos notar que a função de CIRH é bastante complexa e abrangente, demandando senioridade do profissional. A figura 3 mostra de maneira simplificada as áreas de conhecimento demandadas do CIRH.

Figura 3. **Áreas de conhecimento do CIRH**

Fonte: elaborada pelo autor.

A função mais nobre do consultor interno é ajudar os gestores a desenvolverem o negócio de maneira equilibrada e sustentável, levando em consideração as demandas de todos os *stakeholders* envolvidos: clientes, acionistas, colaboradores, sociedade, governo e agentes externos, tais como associações de classe e sindicatos. A importância que cada *stakeholder* terá no modelo de negócios estará relacionada a aspectos como visão, missão, valores e crenças da organização, bem como a necessidades ditadas pelo mercado consumidor.

No diagnóstico para desenvolvimento e implementação de uma solução de RH para o negócio, cabe ao CIRH considerar a maturidade e o estágio de desenvolvimento organizacional no qual se encontra a empresa. Brevemente, serão apresentados a seguir os quatro diferentes estágios: fase pioneira, da diferenciação, da integração, e associativa (LIEVEGOED, 1973). Vale lembrar também que os estágios são apresentados de forma estanque para fins didáticos, mas na prática é muito comum as empresas apresentarem características de dois ou mais estágios.

1. **Fase pioneira:** nessa fase, a empresa está sendo formada, muitas vezes com uma estrutura enxuta e liderada pelo fundador, que atende diretamente seu público-alvo. A empresa se porta como uma grande família, a comunicação é fácil e rápida, a figura do fundador é muito forte. Os processos tendem a ser artesanais, os controles baixos e os recursos escassos. Não é comum existir a função de CIRH e a grande questão é como fazer o negócio crescer e se tornar sustentável.
2. **Fase da diferenciação:** a organização começa a crescer e a se profissionalizar, forma-se um organograma, as relações começam a ficar mais formais e existe a necessidade de especialização de funções em menor ou maior grau. O processo de comunicação fica mais formal e cresce a necessidade de tecnologia e controles. A figura do fundador começa a se diluir. A questão nessa fase é como continuar crescendo sem perder o contato e o conhecimento do cliente.
3. **Fase da integração:** nesse estágio, a empresa encontra-se em um estágio maior de maturidade, com um propósito, uma visão e uma missão bem definidos e compartilhados entre os colaboradores. Os objetivos e valores tendem a ser compartilhados, e as pessoas e o conhecimento são muito valorizados. Entende-se que o cliente deve ser o centro dos processos e os colaboradores, sua sustentação; nesse sentido, é comum que as estruturas organizacionais sejam mais flexíveis e descentralizadas, que haja um processo

de educação continuada e que ocorra uma aprendizagem individual e em grupos. É quando o cliente é, de fato, o centro das atenções.

4. **Fase associativa:** a organização se percebe como partícipe de um contexto maior, de uma rede interdependente de relações entre empresas e interessados que podem se ajudar mutuamente. Atuando em rede, é comum verificar atuações que ultrapassam o âmbito de uma organização, na busca de uma melhor utilização de recursos e *expertise* existentes no sistema social. As relações deixam de ser apenas vividas no âmbito da estrutura organizacional, mas formam-se parcerias que façam sentido ao negócio.

Uma mesma empresa pode possuir características de duas ou mais fases; por isso, para influenciar positivamente o negócio, o CIRH deve desenvolver, além de um conhecimento técnico adequado às disciplinas de recursos humanos, uma capacidade de diagnosticar o ambiente organizacional do qual faz parte. Sua atuação certamente será diferente, dependendo do contexto.

O êxito do consultor interno depende, entre outras coisas, da sua capacidade de influenciar o negócio, que se baseia no conhecimento técnico das disciplinas de RH e na sua capacidade de diagnosticar o ambiente no qual está inserido. Certamente, existem outros elementos importantes para o sucesso do consultor, e abordaremos esse tema no capítulo 2. No entanto, gostaria de abordar um último aspecto que, se não é essencial, ajudará sobremaneira o CIRH em sua jornada: a capacidade de entender e dialogar no âmbito corporativo sobre as maneiras de se obter resultado financeiro para o negócio e tentar vislumbrar que ações de RH poderiam suportar cada caminho possível.

Veja na figura 4 a reprodução simplificada de uma Demonstração do Resultado do Exercício (DRE) ou ainda, se preferirem, a demonstração financeira de lucros e perdas. A DRE se inicia com a identificação da receita bruta da organização que, após sofrer deduções de impostos relativos às vendas, se transforma em receita líquida. Para se obter a margem da operação, basta deduzir-se da receita líquida todos os elementos associados aos custos do produto. A figura 4 traz alguns exemplos desses elementos: custo do produto adquirido para revenda, descontos comerciais ou ainda o custo da depreciação do produto para revenda, parado no estoque da empresa. Podemos também ter a adição de elementos que sirvam para a comercialização do produto, como verbas de propaganda cooperada (VPC), rebates – que são verbas compensatórias de preço –, entre outros. Todos eles, adicionados ou subtraídos da receita líquida, formam a margem operacional de uma dada companhia. Após a margem, chegamos ao EBITDA apenas descontando as despesas operacionais, isto é, todos os gastos que não estão relacionados diretamente com o produto (despesas com pessoal, despesas gerais, etc.). Deduzindo do EBITDA todos os pagamentos de juros, impostos, depreciação e amortização, chegamos ao lucro líquido da empresa.

Venda bruta (Faturamento)

(–) Impostos de vendas

(=) Venda líquida

(–) Preço de compra do produto ou matéria-prima
(–) Custo do produto
(–) Depreciação do produto
(–) Descontos comerciais
(+) Verbas do fornecedor – VPC, rebate, etc.

(=) Margem

(–) Despesas ..... gerais, pessoal,

(=) EBITDA

(–) Impostos, depreciação de maquinário, amortização de investimentos

(=) Lucro líquido

Figura 4. **DRE Simplificada**
Fonte: elaborada pelo autor.

Como podemos notar, para alavancarmos o resultado financeiro, podemos atuar no aumento das receitas ou na diminuição das despesas. Cada opção estratégica pode demandar uma solução diferente de RH.

Por exemplo, uma empresa que deseje aumentar seu resultado financeiro com o aumento do volume de vendas, talvez tenha de ter um quadro de colaboradores comprometidos a vender mais. Em um cenário em que o céu é o limite, um programa e uma remuneração variável bem construídos e comunicados podem ajudar nesse objetivo.

Já se o aumento da receita não vier pelo aumento das vendas, e sim pelo aumento da margem comercial, o que demanda, por exemplo, um preço de venda maior, ter uma equipe bem treinada para vender o diferencial de seu produto ou serviço, de maneira que os clientes percebam o maior valor agregado e tenham uma experiência superior de compra, pode ser a chave no processo de decisão de pagar mais por esse produto ou serviço.

Pensem ainda sob outra perspectiva: a empresa decidiu atingir seu resultado financeiro a partir da redução de despesas. Saber propor uma estrutura organizacional mais leve em um processo de transição bem elaborado pode ser a condição que permita à empresa ter sucesso nesse desafio.

Veja que em todos os cenários a participação do CIRH é fundamental. Portanto, entender o que gera resultado e saber propor soluções de RH adequadas ao momento, ao contexto organizacional, de maneira a contribuir de forma balanceada, considerando todos os fatores envolvidos (financeiro, humano, social, etc.), irá conferir ao consultor interno uma legitimidade decisiva para a perenidade de sua função, com base na contribuição que ele proporciona ao negócio.

Neste capítulo, entendemos a complexidade do mercado no qual as empresas atualmente estão inseridas, vimos algumas tendências e também como as empresas respondem aos desafios dados pela realidade. Iniciamos também uma análise do papel do CIRH nesse contexto. No próximo capítulo, analisaremos com mais profundidade os diferentes papéis vividos pelo CIRH e as relações estabelecidas com seus clientes internos, na busca de um desempenho superior para a empresa.

QUESTÕES PARA FIXAÇÃO DO CONTEÚDO

Reflita sobre o conteúdo apresentado no capítulo e responda às seguintes questões:

1. Em um mundo VUCA, no qual temos de conviver com a volatilidade, incerteza, complexidade e ambiguidade no ambiente de negócios, os profissionais de RH em geral e de consultoria interna de RH devem estar preparados para anteciparem as tendências mercadológicas, refletindo sobre como as empresas podem responder a esses desafios. Tomando como base sua realidade organizacional, defina os movimentos que sua instituição tem feito para se adequar ao cenário contemporâneo. Em comparação com o texto, que desafios ela tem enfrentado e quais respostas tem dado a esses desafios?
2. Tomando-se como base os quatro estágios definidos por Lievegoed (1973), faça uma análise de sua instituição atual: em qual(is) estágio(s) a mesma se encontra? Que características são perceptíveis? Quais as consequências positivas e negativas disso?

REFERÊNCIAS

V CONGRESSO DA IGREJA ITALIANA. Florença, Catedral de Santa Maria Del Fiore, 2015.

AMBROSI, A.; PEUGEOT, V.; PIMIENTA, D. **Desafios de palavras:** enfoques multiculturais sobre sociedades da informação. São Paulo: C&F Éditions, 2005.

BAUDRILLARD, J. **A sociedade de consumo**. Rio de Janeiro: Elfos, 1995.

BELK, R. You are what you can access: sharing and collaborative consumption online. **Journal of Business Research**, v. 67, p. 1595-1600, 2014.

BLOCK, P. **Consultoria:** o desafio da liberdade. São Paulo: Makron Books, 1991.

FROMM, E. **Ter ou ser?** Rio de Janeiro: Zahar Editores, 1982.

KINSINGER, P.; WALCH, K. **Living and leading in a VUCA World**. Thunderbird School of Global Management. [201?]. Disponível em: <http://www.forevueinternational.com/Content/sites/forevue/pages/1482/4_1__Living_and_Leading_in_a_VUCA_World_Thunderbird_School.PDF>. Acesso em: 12 jul. 2018.

LIEVEGOED, B. C. J. **The developing organization**. London: Tavistock, 1973.

MARCK, O. et al. **Managing in a VUCA world**. Suiça: Springer, 2016

McGOVERN, M. **Thriving in the GIG Economy:** How to capitalize and compete in the new world of work. New Jersey: Career Press, 2017, ebook.

MULCAHY, D. **The GIG Economy:** the complete guide to getting better work, take more time off and financing the life you want. New York: AMACON Books American Management Association, 2016.

RUSSEL, S.; NORVIG, P. **Artificial intelligence:** a modern approach. 3. ed. Harlow: Pearson New International Edition, 2014.

TAURION, C. **Big data**. Rio de Janeiro: Brasport, 2013, ePUB.

VCOMPLY EDITORIAL. **What is VUCA and its relevance in business?** [S.l.; s.n.]; 9 nov. 2017. Disponível em: <https://blog.v-comply.com/vuca/>. Acesso em: 19 jun. 2018.

2. O papel do consultor interno

Fabiano Mathias Costa Molina*

Neste capítulo, entenderemos qual é o papel esperado do consultor interno de recursos humanos, que competências deve desenvolver para ter sucesso em sua missão e como acontece na prática a relação consultor-cliente interno.

Certamente, a imagem que podemos associar quando pensamos em um CIRH é a de um designer organizacional, alguém que ajudará os líderes a pensar a empresa e seu modelo de gestão com o objetivo de contribuir para a condução do negócio na direção dos objetivos definidos. Mas essa condição precisa ser conquistada. Na área de recursos humanos, a função de um consultor interno talvez seja a que mais apresente variações de uma empresa para outra. Um profissional que atue nas áreas técnicas de RH (remuneração, treinamento, aquisição de talentos, desenvolvimento, etc.) geralmente tem seu escopo de trabalho mais definido e consolidado, enquanto o CIRH pode apresentar uma atuação que varia de aspectos puramente transacionais a aspectos transformacionais e estratégicos, dependendo da maturidade da organização, de como a área de recursos humanos é percebida na empresa e da própria senioridade do consultor interno.

Essa variabilidade de atuação acontece, de um lado, porque a função de CIRH é relativamente nova nas empresas, e, de outro, porque a própria área de RH tem experimentado nas últimas décadas uma demanda de mudanças quanto ao seu papel.

---

* Formado em engenharia de produção pela UFRJ, Fabiano possui MBA executivo em gestão de negócios pela COPPEAD/UFRJ e pós-graduação em gestão do capital humano pela FIA/USP. Com mais de vinte anos de carreira em recursos humanos, ele exerceu a função de head de RH por sete anos e trabalhou em empresas relevantes do mercado. Contato: fabiano.mathias@globo.com.

A maneira de pensar e administrar as empresas evoluiu desde a época da Revolução Industrial até os dias de hoje, e a gestão do capital humano também se transformou nesse processo de evolução. Inicialmente criada para gerir a burocracia relacionada aos funcionários (contrato de trabalho, aspectos legais, etc.), hoje a área de recursos humanos é entendida como parceira estratégica e tem como missão essencial apoiar e criar condições em tudo o que se refere à gestão do capital humano para o sucesso e a perpetuação do negócio. É uma área que deve pensar não só sobre como ajudar a empresa a atingir seus objetivos no presente, mas também como criar as condições de sustentabilidade organizacional no futuro.

2.1 SER CONSULTOR INTERNO DE RECURSOS HUMANOS É...

A função do CIRH depende muito da expectativa que a empresa tem dele. A expectativa em relação à própria área de recursos humanos é fruto de como a função de RH evoluiu na história.

Como falamos anteriormente, em uma primeira etapa, a área de RH era focada em assuntos ligados à administração do pessoal. Era uma época em que os líderes da empresa esperavam do profissional de recursos humanos uma atuação puramente associada a aspectos burocráticos e legais do trabalho. Nessa fase, as empresas eram administradas sob uma perspectiva científica (TAYLOR, 1990; FAYOL, 1950; CHIAVENATO, 2004), segundo a qual a estruturação da empresa, a padronização e a racionalização do trabalho eram o foco principal.

Com a evolução do ambiente de negócios e uma maior competição, verificou-se uma série de mudanças quanto à forma de administrar as empresas. Desde a fase humanista (CHIAVENATO, 2004; SIMON, 1997), em que os funcionários deixaram de ser uma ferramenta de produção para serem entendidos como protagonistas do processo produtivo, passando por uma administração sistêmica (que entende a necessidade de pensar as inter-relações do sistema produtivo) (ROSSÉS, 2014), pela administração por objetivos (DRUCKER, 1954; ODIORNE, 1979) e pela administração estratégica (ANSOFF, 1983; CERTO, 2005; PETER, 2005), até chegar à administração empreendedora (DRUCKER, 2002; FERREIRA, 2002), a maneira de pensar e gerir os negócios se alterou drasticamente, assim como a expectativa sobre a função de recursos humanos.

De mero controlador de aspectos operacionais ligados à vida dos trabalhadores, a área passou por uma etapa de especialização e criou os subsistemas que conhecemos hoje para responder às necessidades dos negócios em evolução.

No fim do século XX, as empresas começaram a entender que seu ativo mais valioso era justamente seu capital humano (STEWART, 1998; CASIO, 1998), isto é, as pessoas. Ali estava um diferencial competitivo difícil de ser copiado pelos concorrentes, se bem trabalhado. Nesse momento, a área de recursos humanos é chamada para atuar como parceira estratégica. Nesse caminho de mudanças, é pensada uma função que aproximasse as áreas técnicas de RH ao negócio; alguém com visão generalista de RH, maturidade pessoal, boa leitura de cenário e conhecimento do negócio, que pudesse estar próximo aos gestores e apoiá-los na gestão desse tão importante bem para a empresa: as pessoas. Nasce nesse momento a função do consultor interno de recursos humanos (ULRICH, 1998).

Como consultor, seu papel principal não é executar, não é gerir, mas, sim, diagnosticar, aconselhar e influenciar para que a gestão das pessoas esteja integrada ao caminho tático-estratégico definido pela organização.

A função de CIRH, no entanto, pressupõe que o profissional nessa posição seja capaz de transitar pelo ambiente organizacional, sabendo lidar com suas ambiguidades. Tendo como missão prioritária favorecer o desenvolvimento do negócio, o CIRH, para cumprir essa missão adequadamente, não pode desconsiderar os anseios dos colaboradores e dos gestores. Indubitavelmente, deve saber equilibrar a visão da empresa, do gestor e dos colaboradores para atingir seus objetivos, tendo um olhar balanceado entre as necessidades do negócio e as necessidades das pessoas, para, por exemplo, alertar sobre a necessidade de equilíbrio entre as perspectivas de ambos os lados.

Nesse cenário, é comum o CIRH atuar de maneiras diferentes, exercendo papéis diversos: por vezes atuará como *coach*, tanto aconselhando os líderes no tema gestão de pessoas como aconselhando os colaboradores em assuntos como gestão de carreira, comportamento organizacional, papéis e responsabilidades, etc. Outras vezes, o CIRH será visto como um especialista nos temas de RH (mesmo que muitas vezes não o seja), ajudando os gestores com soluções de RH, mas também poderá ser visto como um generalista, alguém capaz de ter uma visão holística sobre o negócio e as pessoas. Todas essas facetas de sua atividade levarão o profissional a ser um conector entre áreas e um catalisador e gestor de processos de mudança.

Porém, é necessário que o CIRH evite algumas armadilhas em sua atuação. As mais comuns são:

» exercer um papel submisso à vontade do cliente interno, sem uma visão crítica e holística dos assuntos, atuando de forma passiva e ingênua, sem usar dados e fatos para solucionar problemas;
» não ser conectado aos assuntos do negócio, não participando de fóruns de decisão e gestão (como comitês de área, por exemplo);
» não estar alinhado à visão de gestão de pessoas da organização;
» ter uma visão parcial dos fatos;
» sucumbir aos jogos de poder e usar sua posição em benefício próprio;
» não ser confiável e discreto. O CIRH tem acesso a muitos assuntos sensíveis. Não saber manter discrição sobre os mesmos é falta grave;
» não ter uma boa conexão com os colaboradores, com a base da organização.

2.2 O PAPEL DO CIRH

Como vimos anteriormente, falar em papel do consultor interno de recursos humanos, no singular, pode ser uma simplificação perigosa da função. O profissional nessa posição é chamado para ter uma atuação múltipla (*coach*, especialista, generalista, gestor de mudança, parceiro de negócios, etc.), e o papel que exercerá estará muito condicionado à expectativa que a empresa e seus líderes têm dessa função.

Algumas expectativas comuns sobre o papel do Consultor Interno de RH, explicitadas por gestores e profissionais de RH em diversos tipos de empresa são:

» apoiar e promover processos de mudança organizacional e direcionamento estratégico;
» alinhar a gestão das pessoas às estratégias do negócio e aos objetivos organizacionais;
» alinhar as pessoas, seus respectivos desempenhos e competências às estratégias do negócio e das metas organizacionais;
» desenvolver e capacitar gestores.

Na prática, porém, não é incomum que a expectativa sobre a atuação do CIRH tenha aspectos mais operacionais, como preenchimento de formulários, entrevista de candidatos, gestão do ponto de colaboradores, etc. O CIRH não deve se furtar a executar tais tarefas, uma vez que as mesmas são demandas concretas do negócio, mas deve ter no seu campo de visão que as mesmas são ferramentas para uma atuação mais abrangente e, portanto, não deve ficar limitado a elas.

Para entendermos melhor as potencialidades da função de CIRH, vamos usar a matriz elaborada por Dave Ulrich (1998), que nos ajudará a aprofundar nossa visão sobre o tema. Segundo Ulrich, a função de RH – e, por desdobramento, a função do CIRH – pode e deve assumir quatro diferentes perspectivas.

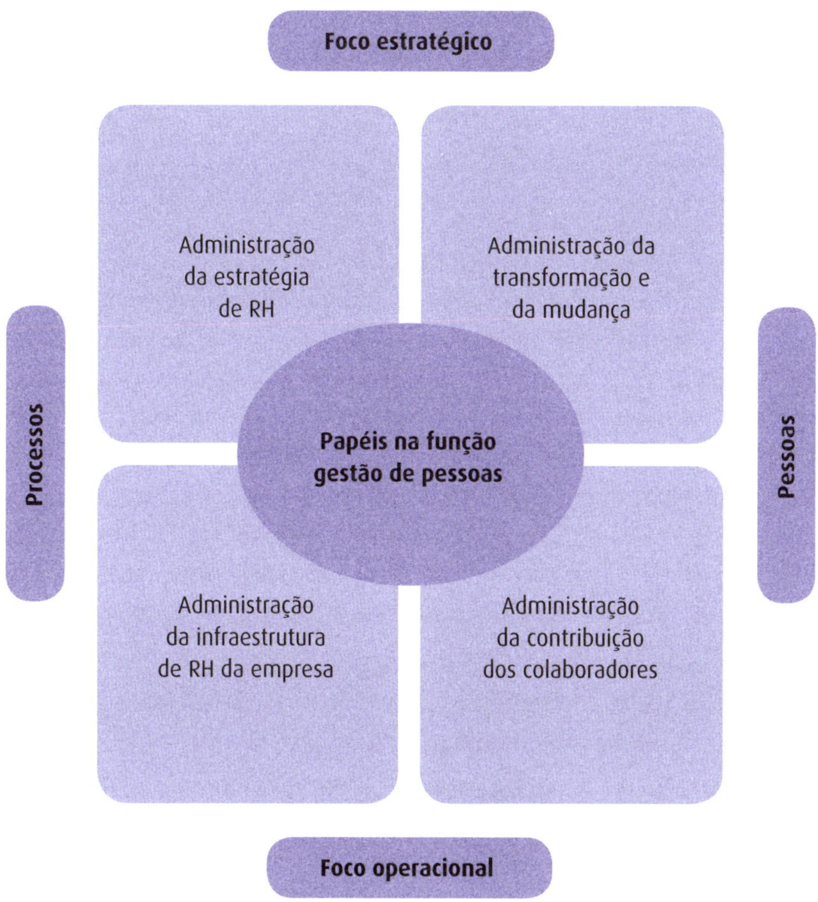

Figura 1. **Aspectos da função RH**

Fonte: Ulrich (1998, p. 40).

O quadro 1 nos ajuda a entender melhor cada perspectiva.

Quadro 1. **Os papéis da função RH, suas metáforas e resultados**

Papel/função	Resultado	Metáfora	Atividade
Administração da estratégia de RH	Execução da estratégia	Parceiro estratégico	Alinhamento da estratégia de RH com a estratégia corporativa: diagnóstico organizacional
Administração da infraestrutura de RH da empresa	Construção de uma infraestrutura de RH eficiente	Especialista administrativo	Reengenharia dos processos de organização
Administração da contribuição dos colaboradores	Aumento do envolvimento e da capacidade dos colaboradores	Defensor dos colaboradores	Ouvir e responder aos colaboradores; promover o bem-estar e estimular o engajamento e a produtividade
Administração da transformação e da mudança	Criação de uma organização renovada	Agente de mudança	Gerir a transformação e a mudança: assegurar a capacidade para mudanças

Fonte: Ulrich (1998, p. 41).

Como podemos notar, na figura 1 e no quadro 1, o CIRH pode assumir, em maior ou menor escala, as quatro perspectivas do modelo de Dave Ulrich (1998).

Como parceiro estratégico, deverá ser o conector entre a estratégia do negócio e a estratégia de RH da empresa. Mais do que se preocupar em formular a estratégia, caberá ao CIRH garantir a conexão entre as frentes.

Como administrador da infraestrutura de RH na empresa, o CIRH terá um papel mais limitado, uma vez que a responsabilidade primária dessa frente é das áreas especialistas de recursos humanos, mas nem por isso pode desconsiderar essa perspectiva. Ao executar os procedimentos de RH no âmbito do negócio, caberá ao CIRH adaptá-los às necessidades específicas do negócio (mantendo uma coerência forte com a organização), bem como prover *feedbacks* sobre o funcionamento das soluções.

O papel de administrador da contribuição dos colaboradores é bastante relevante no âmbito do CIRH. Junto com os gestores de linha, será o CIRH o responsável por promover o bem-estar dos colaboradores e aumentar seu engajamento e produtividade. Como já falamos antes, esta tende a não ser uma atuação direta do CIRH, que funcionará mais como um *coach*, um consultor para a liderança com vistas a alcançar esses objetivos. Uma terceira atuação ainda nessa perspectiva é a de ouvir os colaboradores, considerando-os nos processos de diagnósticos e ajudando na melhoria da gestão.

A última perspectiva, mas, não menos importante, tem como metáfora o CIRH como agente e gestor da mudança e remete à importância do consultor nos processos de transformação organizacional. Em um tempo de mudança de época, como vimos no capítulo 1, esse papel será cada vez mais demandado ao consultor interno de recursos humanos. Ser capaz de garantir que a organização esteja sempre preparada para as mudanças é uma contribuição essencial, esperada do CIRH.

Neste ponto de nossa reflexão, fica claro que o consultor interno de RH, considerando as quatro perspectivas propostas por Ulrich (1998), deve atuar holisticamente como um *designer* corporativo, alinhando os objetivos organizacionais, dos gestores e dos colaboradores, criando estruturas e sistemas de gestão que maximizem a *performance* da empresa.

Para isso vale a pena recordar que um ponto de partida possível e importante é dado pela *performance* financeira da empresa, sua capacidade de gerar receita, controlar custos e gerenciar ativos, provendo lucratividade e ganhos para todos os *stakeholders* envolvidos com a organização. Para alcançar as metas financeiras, a empresa certamente deverá cuidar de seu cliente, ponto central de seu modelo e negócios. Entender seu comportamento de compra, cuidar da atração, satisfação e retenção do cliente e ter um portfólio de produtos e serviços adequados às suas expectativas são caminhos importantes para garantir-se a estabilidade financeira da empresa.

Caminhando ainda nessa linha de raciocínio, que nos leva de fora para dentro das entranhas corporativas, chegaremos à conclusão de que clientes satisfeitos são consequência de um sistema de gestão balanceado, com as pessoas certas nas posições corretas, com valores compartilhados, comunicação clara e transparente, e colaboradores com comportamento e competências alinhadas aos objetivos do negócio. A partir daí estaremos prontos para desenvolver soluções, processos, procedimentos e políticas de recursos humanos.

2.3 MODELOS DE CONSULTORIA INTERNA DE RH

Segundo Edgar Schein (1969), professor na MIT Sloan School of Management e teórico dos modelos de gestão de pessoas, existem três tipos possíveis de relação entre o CIRH e seus clientes internos, cada um com suas vantagens e desvantagens, que ajudam a moldar a atuação do consultor no âmbito organizacional.

2.3.1 Modelo de compra de serviços

Nesse modelo, o próprio cliente interno faz o diagnóstico do problema, cabendo ao consultor interno de recursos humanos desenvolver a solução adequada para a resolução do mesmo.

Esse modelo de relação é geralmente baseado em uma falta de confiança ou falta de parceria entre o gestor de linha (cliente interno) e seu consultor de RH. O modelo de compra de serviços tende a apresentar o benefício de ser de mais rápida implementação, uma vez que o diagnóstico do problema é unilateral e, muitas vezes, individual. Por outro lado, o risco de implementar uma solução inadequada ao problema é maior.

Nesse caso, o CIRH funciona como um elo entre a demanda do negócio e os especialistas de RH, que de fato irão construir a solução para o negócio. Apesar de ser uma posição muitas vezes cômoda, o papel do CIRH fica diminuído. Esse tipo de relação é muito comum em empresas que não têm a função de CIRH ainda consolidada ou que optaram por ter um profissional júnior nessa posição.

2.3.2 Modelo médico-paciente

Esse segundo tipo e relação pode ser visto como uma evolução do modelo de compra de serviço. Nesse formato, é o consultor interno de RH o responsável por fazer o diagnóstico e propor a solução. Toda a responsabilidade do êxito ou não do processo recai sobre ele.

Esse ainda é um modelo que pode apresentar uma grande velocidade de resolução, dependendo da natureza do desafio proposto e da senioridade do CIRH. Para lograr êxito, esse tipo de relação deve se basear na confiança entre cliente interno e consultor, que, nesse caso, tende a ser um profissional sênior. Esse é um modelo que tem grande dependência da credibilidade e da consistência do CIRH.

Um dos problemas desse modelo é que como o diagnóstico e a solução foram desenhados pelo CIRH (em parceria com as áreas especializadas de RH), o plano de ação proposto pode sofrer com uma possível falta de comprometimento do gestor com o mesmo. Ainda mais se o plano de ação envolver mudança de atitude quanto à gestão, o que não é raro. Considerando que a gestão de pessoas é responsabilidade primária do gestor de linha (o CIRH é apenas um assessor, um *coach*), sem o seu envolvimento, o plano de ação tenderá a fracassar.

2.3.3 Modelo de consultoria de procedimentos

O nome desse terceiro tipo de relação entre CIRH – cliente interno não traduz toda a sua potencialidade, mas certamente essa é a relação mais evoluída das três propostas feitas por Edgar Schein (1969).

No modelo de consultoria de procedimentos, o diagnóstico e a solução para um determinado desafio são construídos a quatro mãos: gestor de linha e CIRH. Obviamente, por ser um processo envolvendo consenso, o mesmo tende a ser mais demorado, o que em um mundo imediatista pode ser um problema. Mas, certamente, a solução final proposta tende a ser mais robusta e coerente, e o plano de ação aceito e executado por todos.

Para que esse tipo de relação seja bem-sucedido, certamente a confiança e a colaboração entre os envolvidos deve ser alta – provavelmente construída ao longo do tempo.

Ao analisarmos os três tipos de relação CIRH – cliente interno, tenderemos a querer vivenciar o modelo de consultoria de procedimento. Nada mais justo. No entanto precisamos entender que esse tipo de relação deve ser construída ao longo do tempo. Portanto, caso um CIRH esteja vivenciado uma das outras duas relações, a pergunta a ser feita é: "Como posso construir uma parceria que me permita agir como um *designer* organizacional?".

2.4 COMPETÊNCIAS DE UM CONSULTOR INTERNO DE RH

Tentar explicitar de maneira completa todas as competências necessárias a um CIRH é um trabalho árduo e difícil, uma vez que, para cada empresa e para cada cultura organizacional, o papel esperado e, portanto, as competências necessárias irão variar.

Mas, ao longo deste capítulo, entendemos que, apesar dessa possibilidade de variância, que afeta inclusive o tipo de relação entre cliente interno e CIRH, algumas caraterísticas tendem a ser comuns, se quisermos ter um CIRH que atue nas quatro perspectivas propostas por Ulrich (1998).

Destacamos algumas delas:

» entendimento profundo do negócio e capacidade de entender suas alavancas de resultado;
» conhecimento dos principais subsistemas de RH, tendo pelo menos um deles como âncora (conhecimento mais profundo);
» visão holística e integrada, visão sistêmica;
» capacidade de “ler” cenários e pessoas;
» credibilidade pessoal e coragem;
» visão independente e profunda conexão com a cultura organizacional; alinhamento com os valores e objetivos da organização (no presente e no futuro);
» capacidade de propor e gerir mudanças;
» capacidade de negociação;
» resiliência sem resignação.

Muitas outras competências poderiam ser listadas aqui. Essas foram destacadas pensando nos papéis propostos por Ulrich e nos modelos de relação cliente-CIRH de Edgar Schein, mas também foram propostas para responder a alguns dilemas vividos pelos CIRH, que são destacados a seguir.

Até aqui citamos superficialmente alguns dilemas que podem ser enfrentados por um CIRH no âmbito de sua função, mas o ambiente corporativo, com suas dicotomias e incongruências, muitas vezes apresenta desafios não revelados aos CIRH.

Por exemplo, não é raro que determinado cliente interno tenha objetivos diferentes dos corporativos. Isso pode acontecer por um conflito de visão de curto prazo × longo prazo, por desalinhamento de expectativas e necessidades entre níveis hierárquicos ou mesmo por algum objetivo pessoal que conflite com o corporativo. Seja qual for a razão, o CIRH deverá ter a flexibilidade para navegar entre esses mundos e a firmeza e a habilidade relacional para ser o garantidor da óptica organizacional. Esse desafio pode ser ampliado caso a cultura corporativa dê ênfase muito grande à hierarquia ou se a área de RH for vista como uma área acessória e não como parceira de negócios.

Outro dilema comum acontece quando as metas do CIRH não estão alinhadas com as metas do negócio. Por exemplo, eventualmente pode-se ter no conjunto de metas definido para o CIRH o indicador *turnover* de pessoal, sem que o mesmo seja associado ao gestor do negócio. Nesse caso, o gestor de linha será cobrado por ter uma equipe qualificada para atingir as metas de negócio, mas poderá, no entanto, não estar tão comprometido com o *turnover* de pessoal quanto o CIRH (uma vez que o gestor de linha não tem esse indicador específico em seu conjunto de metas). Sem a preocupação explícita do custo do *turnover* de pessoal, a relação entre cliente interno e CIRH pode ter pontos de atrito importantes. Capacidade de negociação e resiliência ajudarão o CIRH a exercer seu papel.

Um outro ponto de possível desconforto pode estar baseado na atitude do próprio CIRH. Nesse sentido, o consultor pode escolher uma atuação mais "segura", baseada em tarefas operacionais (como se fosse um *staff* do negócio), mas que não se adequa à expectativa de seu papel na organização. Ainda no espectro das atitudes do consultor, ser visto como alguém de RH que não está alinhado ao negócio pode gerar dificuldades para que ele exerça seu papel integralmente.

Outro tema com o qual o CIRH deverá conviver cotidianamente é a gestão do tempo. Como muitas vezes o CIRH exerce um papel generalista, todas as questões relacionadas com pessoas tendem a passar por ele. Se não tiver atenção, o CIRH ficará ocupado com uma enorme quantidade de atividades secundárias e não terá tempo para exercer seu papel na íntegra. Por isso, saber gerir seu tempo é essencial para todo profissional, mas tende a ser mais importante para o CIRH.

Nesse sentido, uma separação simples entre o que é urgente e o que é prioritário pode significar a entrega ou não dos compromissos, com impacto na construção de sua credibilidade.

Como podemos notar, a posição de CIRH, apesar de ser de fundamental importância para a empresa, carrega consigo desafios que impõem ao ocupante da posição certa vivência e maturidade, pois impõe senioridade.

2.5 FASES DE UM PROCESSO DE CONSULTORIA INTERNA DE RH: DA IMPLEMENTAÇÃO À GESTÃO

Toda empresa que desejar implementar a função de consultoria interna de RH deve considerar um fator-chave: a confiança. Por tudo o que falamos até agora, ter uma relação de confiança entre cliente interno e CIRH é fundamental para o sucesso do processo. E confiança se consegue com ética, trabalho em time e resultados.

Nesse sentido, levando em consideração que cada interação entre cliente interno e CIRH pode ser entendida como uma consultoria, concluímos que alinhar expectativas em um processo de consultoria é um requisito fundamental para uma boa relação.

Então, a primeira etapa para um processo de consultoria adequado é o **acordo**. Nessa fase, entender bem o objetivo do projeto, da tarefa e do trabalho é essencial. Alinhar as expectativas, esclarecer papéis e responsabilidades dos envolvidos e estabelecer premissas são pontos que irão contribuir para a diminuição dos ruídos durante o processo de consultoria.

A segunda etapa é o **diagnóstico**. Aqui é importante ir ao fundo do problema, trabalhar com dados e fatos e entender as causas-raiz do problema. Não estamos acostumados a investir tempo nessa etapa e geralmente não tratamos as causas-raiz dos problemas, mas atacamos seus efeitos. Como resultado, mudamos o efeito, mas o problema permanece. Nesse sentido, uma boa ajuda é usar a metodologia PDCA, desenvolvida por Vicente Falconi (CAMPOS, 2013), que não aprofundaremos aqui neste livro.

Na fase de **projeto**, precisamos desenhar a solução (ou o plano de ação) que será endereçada a um problema. Todo projeto precisa ter um dono, uma meta, um cronograma, uma lista de atividades e motivações (por que fazer determinada tarefa), bem como um orçamento. Em alguns casos, um projeto-piloto é recomendado.

Como vimos nos modelos de relação cliente-CIRH, propostos por Schein (1969), tanto na etapa de diagnóstico quanto na de projeto, se pudermos ter a participação conjunta dos envolvidos, aumentaremos as possibilidades de sucesso.

A última etapa em um processo simplificado de consultoria é a de **execução e controle** do plano ou do projeto definido. Nessa fase, é importante que se execute o que foi combinado. Se houver necessidade de alterações, devemos retornar à fase de projeto. Após a execução, ainda nessa fase, precisamos medir os impactos e comprovar que a questão foi solucionada. Caso tudo esteja de acordo com o planejado, podemos documentar os novos procedimentos para posterior padronização. Caso o resultado seja insatisfatório, devemos voltar à fase de diagnóstico, pois provavelmente não atacamos a causa-raiz do problema.

Obviamente esse processo de consultoria deve ser mais usado em questões mais complexas; para questões mais corriqueiras do dia a dia, podemos simplificar os passos citados.

Neste capítulo, entendemos mais profundamente os diversos papéis associados à função de CIRH, as competências demandadas desse profissional, as possíveis relações entre o CIRH e o cliente interno e um processo simplificado para implementação e gestão da função de consultoria interna de RH. Essencialmente, podemos afirmar que o consultor interno de RH é um agente de transformação, em maior ou menor escala, e deve estar preparado para lidar com isso.

QUESTÕES PARA FIXAÇÃO DO CONTEÚDO

Reflita sobre o conteúdo apresentado no capítulo e responda às seguintes questões:

1. Partindo dos quatro papéis definidos por Dave Ulrich, qual é a contribuição que a consultoria interna de RH pode dar para apoiar sua instituição quanto ao alcance ou à superação de seus objetivos no cenário contemporâneo?
2. Levando em consideração os modelos propostos por Edgard Schein, analise em qual tipo de relacionamento se baseia a relação consultor-cliente em sua organização. Defina os prós e os contras dessa relação. O que poderia ser feito para se ter uma relação mais consolidada?

REFERÊNCIAS

ANSOFF, H. I. **Administração estratégica**. São Paulo: Atlas, 1983.

CAMPOS, V. F. **O verdadeiro poder:** práticas de gestão que conduzem a resultados revolucionários. São Paulo: Falconi, 2013.

CASIO, W. F. **Managing human resources:** productivity, quality of work life, profits. New York: McGraw Hill Irwin, 1998.

CERTO, S.; PETER, J. P. **Administração estratégica:** planejamento, implantação da estratégia. São Paulo: Pearson, 2005.

CHIAVENATO, I. **Introdução geral à teoria da administração.** 7. ed. São Paulo: Campus, 2004.

DRUCKER, P. F. **The practice of management.** New York: Haper Collins Publishers, 1954.

________. **Inovação e espírito empreendedor**: prática e princípios. São Paulo: Pioneira, 2002.

FAYOL, H. **Administração industrial e geral.** São Paulo: Atlas, 1950.

FERREIRA, A. A. et al. **Gestão empresarial:** de Taylor aos nossos dias - evolução e tendências da moderna administração de empresas. São Paulo: Pioneira Thomson Learning, 2002.

ODIORNE, G. S. **APO II:** administração por objetivos. Rio de Janeiro: Atlas, 1979.

ROSSÉS, G. F. **Introdução à administração.** Santa Maria: Rede e-Tec Brasil, 2014.

SCHEIN, E. **Consultoria de procedimentos:** seu papel no desenvolvimento organizacional. São Paulo: Edgar Blucher, 1969.

SIMON, H. A. **Administrative behavior:** a study of decision-making processes in administrative organizations. 4. ed. New York: The Free Press, 1997.

STEWART, T. A. **Capital intelectual:** a nova vantagem competitiva das empresas. 2. ed. Rio de Janeiro: Campus, 1998.

TAYLOR, F. W. **Princípios da administração científica.** 8. ed. São Paulo: Atlas, 1990.

ULRICH, D. **Os campeões de recursos humanos:** inovando para obter os melhores resultados. São Paulo: Futura, 1998.

3. O consultor interno e a gestão por competências

Ana Flávia Rodrigues*

Antes de abordarmos o conceito de competências, chamo a atenção dos executivos, líderes, empreendedores e profissionais de recursos humanos sobre a importância do conhecimento como vantagem competitiva, para sobrevivência no mundo dos negócios.

O capital humano nunca foi tão reconhecido como um ativo de relevância, contribuindo para as organizações na capacidade de inovar, ser criativo, adaptar-se às novas necessidades e, principalmente, olhar o cliente como o centro de suas decisões.

Somos testemunhas da mudança de comportamento dos consumidores e a forte revolução tecnológica. Buscamos cada vez mais empresas que agreguem valor aos seus produtos e serviços, que resolvam nosso problema sem burocracia e que coloquem na palma da nossa mão, ou melhor, nos nossos *smartphones* ou telefones inteligentes, facilidades para resolver as nossas questões do cotidiano.

Novas e pequenas *startups* surgem e ganham espaço rapidamente no mercado, que é cada vez mais global, crescente e complexo, para suprir as necessidades do cotidiano do consumidor. Um exemplo disso é a *startup* que, por meio de website e aplicativo, coloca em contato pessoas que disponibilizam dormitórios de suas casas com aquelas que buscam um local para ficar. Atuando em mais de 190 países, a *startup* representa hoje uma das principais concorrentes do ramo de hotelaria, mesmo sem possuir nenhum hotel, pousada ou *resort*.

* Graduada em administração de empresas pelo Centro Universitário Nove de Julho e com MBA em gestão de pessoas pela Fundação Getulio Vargas (FGV). Possui experiência de dezesseis anos na área de recursos humanos com foco em consultoria interna de RH, propondo soluções para os negócios nos temas de desenvolvimento organizacional, remuneração, gestão de talentos, clima, cultura organizacional e gestão de mudança. Atualmente gerente de recursos humanos e mentora. Contato: aflrodrig@yahoo.com.br.

O fato é que o ambiente e a dimensão do mundo dos negócios se ampliaram. Empresas tradicionais e convencionais perdem espaço para novas empresas que já nascem com foco na experiência do consumidor e forte vínculo com as tendências tecnológicas.

Não é mais possível ter o mapa completo dos concorrentes. Os produtos ou serviços de uma determinada companhia amanhã podem estar obsoletos, ou novas tecnologias podem substituir esses serviços e produtos, sendo do mesmo segmento ou não e de qualquer parte do mundo.

Nesse sentido, é importante que o consultor interno de RH entenda a dimensão dessa complexidade e consiga propor soluções adequadas para liderança dentro desse contexto. O ambiente organizacional está cada vez mais acelerado e competitivo; a todo momento é necessário avaliar as condições internas e externas, conhecendo-as ou não profundamente. É preciso reagir às mudanças rapidamente, num contexto muito adverso.

O modelo de gestão por competências é uma metodologia que propõe orientar os esforços dos colaboradores sobre as competências necessárias para alcançar os objetivos organizacionais. É uma metodologia de gestão, focada nos negócios, no mercado e no desenvolvimento profissional permanente.

A parte essencial do modelo de gestão por competências está relacionada com a motivação dos colaboradores, com o objetivo de incentivá-los a desenvolver suas próprias habilidades. As tarefas do modelo são organizadas para planejar, captar, desenvolver e avaliar, nos diferentes níveis da organização (individual, grupal e organizacional), atividades como avaliação de desempenho, seleção e recrutamento, remuneração, desenvolvimento e treinamento, entre outros; são tarefas que devem ser executadas segundo a gestão por competências e seus princípios. A gestão por competências, aplicada ao contexto organizacional, torna-se fundamental para o mundo empresarial, em que cada colaborador atua como um agente de mudança do processo produtivo: sendo bem direcionado, o colaborador poderá gerar novas ideias, soluções, propor melhorias, implantar mecanismos de eficiência e ser um influenciador, renovando constantemente e potencializando o mundo dos negócios.

> Conhecer é transformar o objeto e transformar-se a si mesmo. O processo educacional que nada transforma está negando a si mesmo. O conhecimento não nasce com o indivíduo nem é dado pelo meio social. O sujeito constrói o seu conhecimento na interação com o meio – tanto físico como social. (BECKER, 2001, p. 71)

Nunca o conhecimento esteve tão próximo e diretamente ligado à ação (atitude), e os modelos de gestão e principalmente de liderança possuem um papel fundamental para proporcionar um ambiente em que se estimula e se aplica o conhecimento no dia a dia, associando a tecnologia aos processos do seu negócio.

Para a aplicação do modelo de gestão por competências ser fluido, o consultor interno de RH deverá avaliar as questões internas que possam dificultar a implantação. Durante sua observação, considero relevante avaliar o modelo de gestão atual, a cultura e o ambiente. Modelos rígidos de gestão, com foco na especialização da produção, forte hierarquia e cultura baseada no comando e no controle podem não valorizar a aplicação da aprendizagem e do desenvolvimento dos seus colaboradores.

Sempre encontraremos obstáculos para a implementação de competências, portanto, avalie se a organização está aberta e estimula a aprendizagem, valoriza e fomenta o time para implementar novas ideias ou valoriza a criatividade como um diferencial.

3.1 UMA ABORDAGEM SOBRE COMPETÊNCIA

Após delinear o ambiente competitivo de forte mudança no mundo dos negócios, é importante nos aprofundarmos no conceito de competências e sua aplicação nas organizações, concentrando-nos sobre como essa ferramenta poderá apoiar na gestão do capital humano.

O tema competências pode ser considerado um clássico: a sua primeira abordagem surgiu em 1973, quando David McClelland propôs uma abordagem de aplicação no processo de seleção de pessoas. Mais tarde, o conceito foi ganhando força e ampliando sua aplicação no processo de avaliação de desempenho e também nas ações de treinamento e desenvolvimento.

Com base nos conteúdos estudados e nas proposições dos autores, de forma simples e prática, descrevo competência como a aplicação das combinações de conhecimento, habilidade e atitude no seu desempenho do trabalho, agregando valor e gerando resultados para a organização.

Para Dutra (2004), competências não são apenas um conjunto de conhecimentos, habilidades e atitudes, mas é muito importante observar as realizações de uma pessoa em um determinado contexto organizacional.

Sendo assim, embora esteja claro que o conhecimento, a habilidade e a atitude sejam recursos para compor uma determinada competência, é importante que a descrição seja clara e objetiva e que o comportamento esperado possa ser observado no exercício de sua função, para não dar margem a variadas interpretações.

O conjunto de competências postos em prática pelos membros da empresa poderá potencializar a capacidade da organização de se apresentar ao mercado, podendo revelar nos seus produtos e serviços o seu diferencial, ou se tornar pioneira ou até mesmo referência na sua categoria ou segmento. "A organização transfere seu patrimônio para as pessoas, enriquecendo-as e preparando-as para enfrentar novas situações profissionais e pessoais, na organização ou fora dela" (DUTRA, 2004, p. 24).

Para a elaboração do descritivo de uma competência, é importante considerar o desempenho ou o comportamento que é esperado, indicando claramente o que o indivíduo deve ser capaz de fazer. Veja, na figura 1, um exemplo do que é esperado dentro da descrição de uma competência.

A materialização da competência graficamente corresponde à intersecção de conhecimentos + habilidades + atitudes, conectados com as diretrizes da organização e os objetivos da função. Veja a figura:

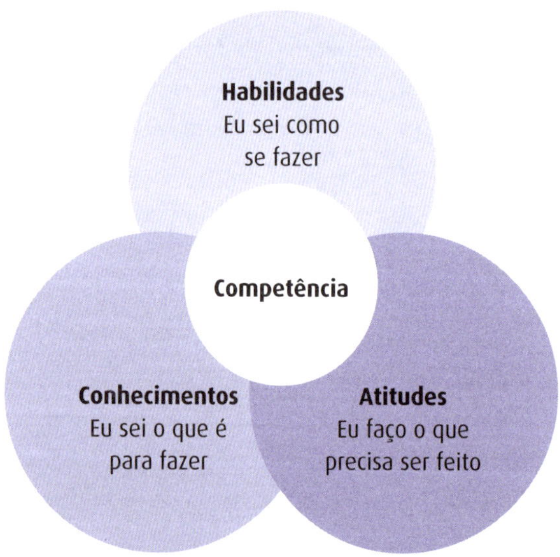

Figura 1. **Tripé de competências**

Fonte: elaborada pela autora, com base em Dutra (2004).

3.2 CONSTRUINDO UMA COMPETÊNCIA

Em primeiro lugar, é necessário entender o que é almejado pela alta liderança da organização, ou seja, buscar compreender quais conhecimentos são necessários para desenvolver essa competência, quais habilidades é preciso ter para realizá-la ou materializá-la e que atitudes são esperadas de um colaborador quando se põe em prática essa competência.

É comum, por exemplo, observarmos diversas organizações associarem à competência foco no cliente ao seu modelo de gestão, pois todas almejam ter um diferencial competitivo e demonstrar competência para se destacar no seu segmento de atuação.

O quadro 1 mostra o conjunto de conhecimentos, habilidades e atitudes esperadas para a competência foco no cliente.

Quadro 1. **Mapeamento dos conhecimentos, habilidades e atitudes dos colaboradores *versus* expectativa da empresa, para a competência foco no cliente**

Conhecimentos	É esperado que os colaboradores da organização conheçam os produtos e serviços da empresa, bem como suas funcionalidades, com profundidade.
Habilidades	Capacidade de solucionar uma questão ou um problema do cliente a partir de um diagnóstico preciso.
Atitudes	Prática de seus conhecimentos e habilidades, dando suporte adequado ao cliente no atendimento.

Fonte: elaborado pela autora.

Nesse caso, podemos descrever a competência foco no cliente como sendo a capacidade para diagnosticar a necessidade do cliente e assegurar um suporte adequado no seu atendimento.

Retornando ao quadro 1, para essa etapa é importante explorar os conceitos de cada tripé de competências, que serão descritos a seguir.

Conhecimento é a informação adquirida pela pessoa durante a sua vida, no meio acadêmico, em cursos técnicos, no ambiente familiar e nos diversos campos de atuação do trabalho. Para esse tripé, incluímos conhecimentos acadêmicos certificados ou não. São exemplos de conhecimentos: formação técnica, graduação, pós-graduação, conhecimento de línguas e conhecimento de micro informática e cursos técnicos.

A **habilidade** já está diretamente ligada ao saber fazer, que é exigido para executar uma função ou um cargo. Pressupõe-se que uma pessoa que tenha adquirido uma habilidade específica na prática ou até mesmo tendo exercido outra função anteriormente é possível identificar as habilidades pelas características de capacidade, fluência, prática e aptidão exercida na execução de uma determinada competência. São exemplos de habilidades: elaborar planilhas e macros por meio de ferramentas de informática, capacidade de negociação, falar outros idiomas ou realizar estudos de modelagem matemática.

E a **atitude**, nesse contexto, corresponde à maneira profissional de se comportar de cada pessoa no dia a dia, de modo que, quando o colaborador é observado por clientes, colegas e gestores, poderá ser avaliado de forma favorável ou não à luz da cultura organizacional ou da estratégia organizacional. São exemplos de atitudes favoráveis do colaborador: ser proativo, inovar continuamente e respeitar clientes, gestores e colegas de trabalho.

A ação, nesse sentido de atitude, poderá construir a identidade de uma determinada pessoa ou organização, pois imprime a marca, ou melhor, revela como uma determinada empresa ou pessoa será reconhecida.

Para Prahalad e Hamel (1990), esse é um processo de extrema importância que confere vantagem competitiva, e, por esse motivo, enfatizam que as competências organizacionais devem ser mapeadas cuidadosamente com o envolvimento da alta liderança, pois poderá ser um processo irreversível.

3.3. COMPETÊNCIAS ALINHADAS À ESTRATÉGIA DO NEGÓCIO

Para o modelo de gestão por competência ser percebido como uma vantagem competitiva, contribuindo para impulsionar os resultados da organização, é imprescindível que as competências estejam diretamente alinhadas à estratégia e na direção da visão e da missão da organização.

O consultor interno de RH tem um papel importante e estratégico nesse contexto, compreendendo a expectativa e a estratégia da organização, desenhando, em conjunto com a alta liderança, o modelo de competências que suporte o alcance dos resultados almejados. Afinal de contas, ter um desempenho superior ao de seus concorrentes, buscar a eficiência operacional, ser inovador e sobreviver aos desafios do mercado que mencionamos anteriormente é o grande desejo da alta liderança.

No contexto organizacional, é preciso mapear as competências que sustentarão a continuidade da organização, as chamadas competências essenciais, que têm a missão de distinguir essa organização para o mercado e os clientes.

Essas competências estão relacionadas diretamente aos valores da organização, e são criadas ao se formular a estratégia da organização, quando a missão, a visão de futuro e os objetivos estratégicos da empresa são definidos. Requeridas a todos os colaboradores, as competências essenciais têm como principal missão concretizar o desempenho organizacional, objetivando sustentabilidade e materialização do diferencial competitivo de uma empresa.

Em seguida, é importante identificar as competências individuais necessárias para a gestão de recursos e o funcionamento do negócio, que podem ser classificadas como competências técnicas ou gerenciais. Em grande parte das organizações, elas são comumente requeridas aos líderes ou elencadas em áreas-chave, sendo primordiais para a execução dos objetivos estratégicos.

Ainda assim, as competências individuais não podem ser pensadas separadamente das competências essenciais; elas devem orientar as pessoas da organização, direcionando o foco, os esforços das atividades do grupo de colaboradores e também contribuindo como um forte instrumento de gestão de pessoas.

Por fim, é necessário mapear e identificar as competências técnicas ou específicas, que são diretamente ligadas a cada função ou atividade realizada por uma determinada área, cargo e/ou processo. Essas são as competências mais conhecidas de maneira geral, uma vez que são muito utilizadas para descrever o perfil de uma determinada posição.

Vamos visualizar na figura a seguir como se dá o processo de desdobramento de competências a partir da estratégia da organização.

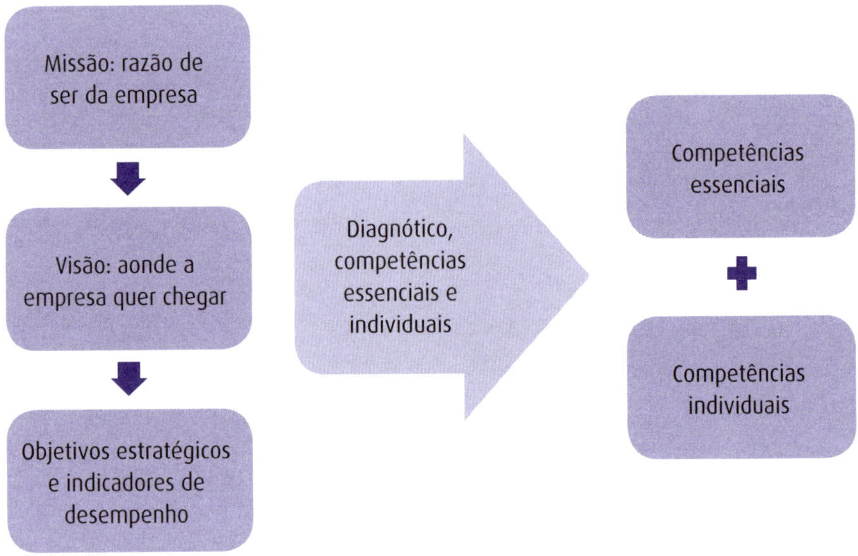

Figura 2. **Desdobramento de competências a partir da estratégia organizacional**

Fonte: elaborada pela autora com base em Prahalad e Hamel (1990) e Fleury e Fleury (2001).

A partir das reflexões apontadas por Treacy e Wiersema (1995) e Porter (1996), Dutra (2004) apresenta em sua obra o quadro 2 a seguir, em que desdobra, a partir dos diferenciais competitivos sugeridos por esses autores, as competências organizacionais e humanas.

No que se refere a essas competências – essenciais e individuais –, ambas podem ser analisadas considerando três tipos de estratégia:

» **Excelência operacional:** requer competências que marquem o diferencial competitivo da organização no âmbito produtivo, de distribuição, venda e níveis de qualidade.

» **Inovação em produtos:** demanda competências que direcionem a organização para a inovação, seus diferenciais de vanguarda e pioneirismo tecnológico, por exemplo.

» **Orientação para os clientes:** necessita competências que desenvolvam sua estratégia de relacionamento com o cliente, canais de contato e diferenciais para a fidelização.

Quadro 2. **Desdobramento de competências a partir da estratégia organizacional**

ESTRATÉGIA	COMPETÊNCIAS ORGANIZACIONAIS	COMPETÊNCIAS HUMANAS
Excelência operacional	Custo; qualidade; processo produtivo; distribuição.	Orientação para custos e qualidade; gestão de recursos e prazos; trabalho em equipe.
Inovação de produtos	Inovação de produtos e processos; qualidade; parcerias tecnológicas.	Capacidade de inovação; articulação interna e externa; aprimoramento de processo e produtos.
Orientação para o cliente	Preocupação pela satisfação dos clientes; antecipação das necessidades dos clientes; análise de consequências.	Demonstrar interesse pela satisfação dos clientes; iniciativa; responsabilidade; comunicação eficaz.

Fonte: Dutra (2004, p. 27), com adaptações.

Para realizar um bom mapeamento de competências, é importante se preparar para a etapa de diagnóstico. Esse momento será primordial também para identificar as oportunidades de desenvolvimento da organização e posteriormente alinhar os produtos de RH às competências definidas.

Além de garantir uma boa coleta de informações da estratégia organizacional, o profissional de RH irá mapear junto à liderança os profissionais-chave para a etapa de diagnóstico e redigir um completo questionário para as entrevistas, material que também será útil para elaborar conteúdos (descrição das competências) e coletar indicadores de desempenho da empresa, tais como pesquisa de clientes, análise de resultados, desempenho das equipes e métricas importantes para o acompanhamento de desempenho da organização.

Não é esperado que a liderança descreva as competências, cabe ao profissional de RH ajudá-lo a reconhecê-las, estimulando a reflexão sobre quais competências concretizam a vantagem competitiva da organização e se são percebidas por todos. Perguntas abertas e investigativas ajudam no processo de diagnóstico. Por exemplo:

» Como você reconhece um desempenho diferenciado de um colaborador?

» Que comportamento é esperado dos colaboradores da organização?

» Que atitudes são importantes para a empresa alcançar sua missão?

Ter um olhar crítico e, ao mesmo tempo, isento ajudará a reconhecer se os comportamentos atuais dos colaboradores estão alinhados ao objetivo estratégico e o que é esperado pela alta liderança. Observe os comportamentos apontados pelos entrevistadores a partir de uma experiência presencial, utilizando-se de métodos como "cliente oculto" e visitas *in loco*.

Com todo esse documental, o consultor inicia a etapa de descrição das competências, momento em que será necessário editar os textos, verificar o entendimento com os profissionais mapeados e fazer a análise dos indicadores coletados.

Algumas dicas que podem ajudar no momento da descrição:

» usar verbos no infinitivo ou imperativo, sempre representando ação;

» ser objetivo e claro, evitando textos longos e que possam sugerir dupla interpretação;

» testar o entendimento do texto com mais de um colaborador, para garantir que a descrição das competências está bem escrita e clara;

» validar a descrição com os principais executivos da organização.

A etapa de entrevistas, a coleta de dados e a validação do conteúdo é um momento importante para fomentar o engajamento dos líderes da organização na construção do mapeamento de competências.

É recomendável que todo o processo seja realizado seguindo o modelo mais colaborativo possível. O consultor interno trabalhará como um facilitador, utilizando-se do seu conhecimento técnico, sempre construindo as competências com base no levantamento das informações e discussões com os membros entrevistados.

Para Ulrich (2002, p. 18), os gestores precisam se apropriar do modelo e destacar a importância do processo de competências da organização. Segundo ele, é essencial para um líder ter a capacidade de fazer a gestão estratégica de pessoas, atribuindo aos gestores a responsabilidade de fazer mudanças, de demonstrar velocidade e flexibilidade, e de estimular a inovação e a adaptação, mantendo-se sempre atualizados.

Para a etapa de validação do modelo, é recomendável realizar a aplicação do questionário em uma pequena amostra de colaboradores, para assim identificar possíveis dificuldades de entendimento, oportunidades de melhoria no texto e eliminar as ambiguidades e sobreposições de comportamentos.

3.4 RECONHECENDO OPORTUNIDADES DE DESENVOLVIMENTO E ELABORANDO UM PLANO BASEADO EM COMPETÊNCIAS

Ao final do mapeamento de competências, da validação, do reconhecimento da ferramenta pelos líderes e da comunicação do modelo para a organização, partimos para o processo de reconhecimento das oportunidades de desenvolvimento, momento em que teremos subsídios para elaborar o plano de desenvolvimento organizacional.

Essa etapa não busca de forma alguma analisar o desempenho dos colaboradores, já que as competências acabaram de ser descritas e reconhecidas por eles, porém a avaliação apoiará a alta liderança e a área de recursos humanos na elaboração do plano estratégico de pessoas.

Essa lacuna é mapeada com a aplicação de um questionário para avaliação de competências. No quadro a seguir, podemos ver um exemplo.

Quadro 3. **Exemplo prático de avaliação por competência (escala likert)**

COMPETÊNCIA	DESCRIÇÃO	(I)	(D)
Capacidade de negociação	Percebe a diferença de interesses e atua no sentido de convergir, buscando a melhor solução financeira entre a empresa e o cliente.	4	1
Visão sistêmica	Capaz de compreender as interdependências e influências das unidades organizacionais no processo produtivo e de resultados do negócio.	2	4
Foco no cliente	Capacidade para diagnosticar a necessidade do cliente e assegurar um suporte adequado no seu atendimento.	3	1

(cont.)

COMPETÊNCIA	DESCRIÇÃO	(I)	(D)
Visão estratégica	Capacidade de gerir equipes alinhada à estratégia organizacional, alcançando resultados sustentáveis e tomando decisões em cenários incertos.	2	2
Conhecimento do negócio	Conhece plenamente o negócio, o segmento e o mercado em que atua, bem como a necessidade dos clientes.	4	3

Grau de importância (I): 0 = nada importante; 1 = pouco importante; 2 = medianamente importante; 3 = muito importante; 4 = extremamente importante. Domínio (D) com escala de grau de importância 0 = não domina a competência; 1= domina pouco a competência; 2 = domina medianamente a competência; 3 = domina muito a competência; 4 = domina plenamente a competência.

Fonte: elaborado pela autora.

A seguir, demonstra-se o resultado individual de uma avaliação de competências. Esse formato pode ser apresentado ao colaborador, ao gestor e à organização, deixando claro em que precisarão investir no plano de desenvolvimento.

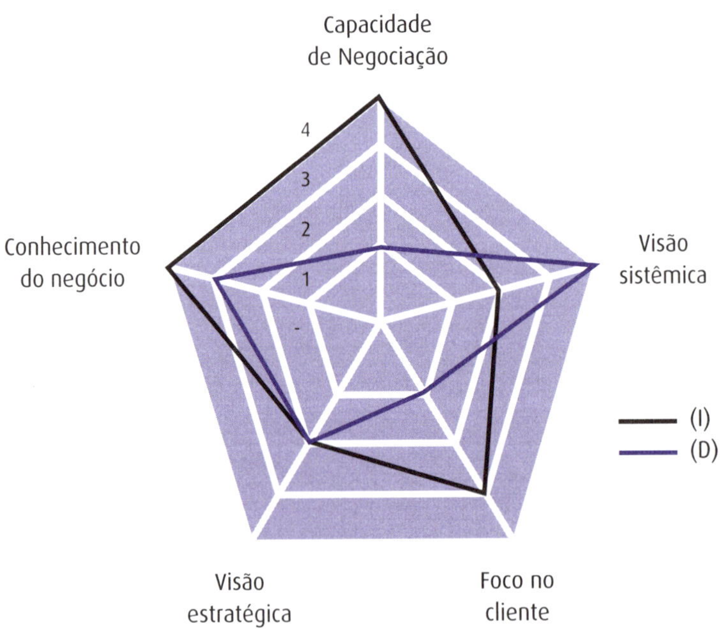

Figura 3. **Exemplo de uma avaliação individual de competências**
Fonte: elaborada pela autora, com base nos resultados do quadro 3.

Com o mapeamento das oportunidades de desenvolvimento, partirmos para a elaboração do mapa de conhecimento da organização. Os líderes e a área de recursos humanos iniciam essa fase, utilizando o mapeamento de competências como subsídio e alinhando todos os produtos de recursos humanos, conforme a figura a seguir:

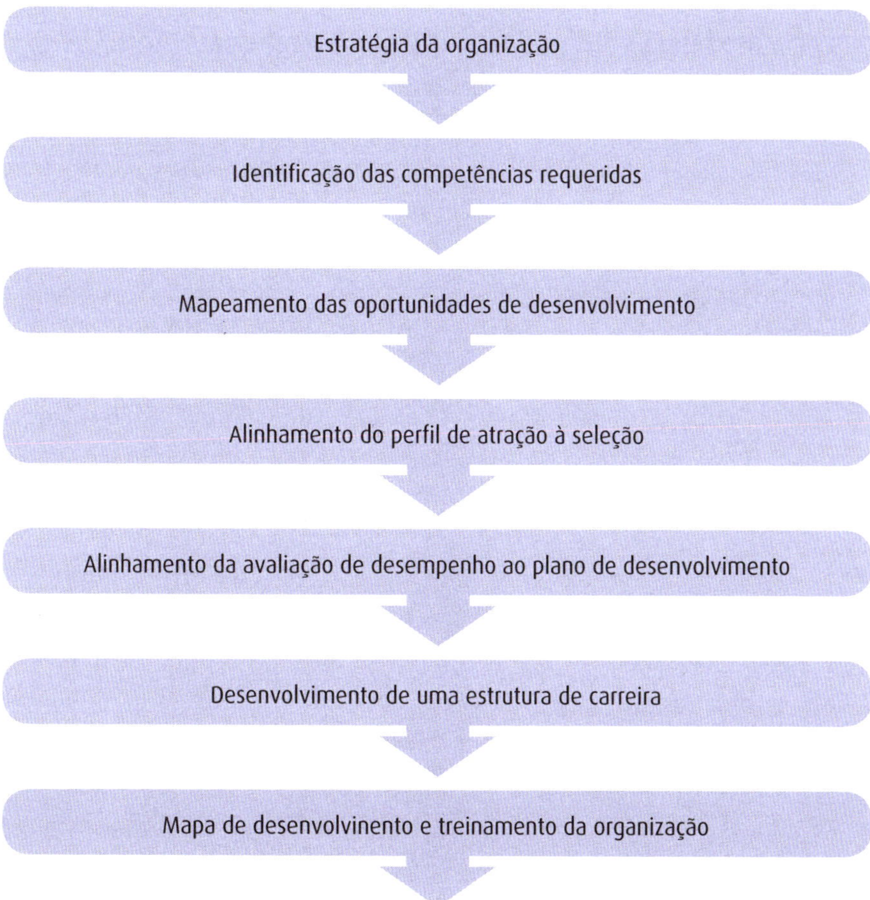

Figura 4. **Visualização geral de desdobramento de competências no plano de pessoas**

Fonte: elaborada pela autora.

Com o mapa de competências da organização em mãos, é possível direcionar os esforços para a atração e a seleção de talentos, ter mais clareza sobre onde estão alocados os melhores recursos, que competências precisamos desenvolver rapidamente e definir a estratégia de carreira, desenvolvimento, treinamento e seleção da organização.

3.5 COMPETÊNCIAS NA PRÁTICA: SELEÇÃO POR COMPETÊNCIAS

Cada dia mais as empresas automatizam suas atividades operacionais e padronizadas e buscam profissionais com conhecimentos, habilidades e atitudes para superar os desafios estratégicos ante o mercado, esperando que o candidato escolhido possa rapidamente se adaptar e trazer bons resultados.

O processo seletivo passa a ser mais criterioso e a assertividade ainda mais complexa. Com o mapa de competências em mãos, é possível avaliar durante o processo de entrevistas a aderência do candidato à posição postulada.

Avaliar como o candidato atua de fato mediante um desafio, projeto ou entrega, como ele contribuiu nas suas experiências anteriores, como constrói um raciocínio, toma uma decisão e resolve problemas, passa a ser prioridade no processo de entrevista.

Nesse sentido, o modelo de entrevista por competências é um forte aliado, uma ferramenta que apoiará na investigação e na identificação das competências requeridas para a posição.

Mas, antes de aplicar a entrevista por competências, é necessário reconhecer antecipadamente os conhecimentos, as habilidades e as atitudes esperadas para cada competência a ser investigada.

Explorar fatos, situações e pedir exemplos vivenciados são essenciais durante a entrevista. Faça perguntas:

» claras e objetivas;

» abertas e específicas:

» com foco nas competências requeridas;

» solicitando sempre exemplos para reconhecer a ação do entrevistado;

» investigue como aconteceu, explorando os resultados, os obstáculos e as ações planejadas e realizadas pelo candidato.

A pergunta aberta tem por objetivo solicitar exemplos de uma situação que revele algum comportamento esperado pela organização, sempre vinculado a uma competência exigida. Você pode começar com:

» "Dê um exemplo em que você..."

Pergunte sobre a sua atribuição ou responsabilidade dentro do desafio exemplificado, assim você poderá avaliar o seu nível de atuação ou o tamanho do projeto ou desafio.

Faça perguntas específicas, com base no exemplo ou na situação relatada pelo entrevistado, assim você poderá investigar a ação concreta e reconhecer as atitudes do candidato na sua situação ou no desafio relatado.

Questione: "E o que você fez?", "Quem te apoiou nesse desafio?", "Por que você escolheu esse caminho?".

Ao final, certifique-se dos resultados alcançados. Perguntas como: "Como solucionou a situação?" ou "Quais os resultados alcançados?" ajudam a verificar o entendimento dos reais resultados alcançados pelo candidato.

Além do processo comum de entrevista, as empresas ampliam sua exploração, aplicando estudo de casos para a resolução de problemas – individual ou em equipe, além de testes de lógica, entrevistas em outra língua e apresentação de projetos a partir de algum desafio.

Para suportar o processo de entrevista por competências e conseguir fazer um processo bem detalhado e profundo de investigação, é importante cumprir quatro etapas:

1. **Situação:** etapa em que o entrevistador solicita a descrição de um evento ou uma situação específica, não uma descrição generalizada do que fez no passado, com detalhes suficientes para serem identificadas pelo entrevistador as competências exigidas para a função dentro do contexto apresentado pelo candidato.
2. **Tarefa:** a segunda etapa é o momento em que o entrevistador explora a responsabilidade do candidato na situação apresentada, bem como é explorado como o candidato transformou a situação em uma oportunidade.
3. **Ações:** espaço no qual o entrevistador questiona sobre os passos que o candidato seguiu para resolver o desafio, como ele pensou em relação às etapas e como agiu em cada fase até alcançar o resultado.
4. **Resultados:** nessa última fase, o entrevistador explora e detalha os resultados alcançados pelo candidato, bem como o impacto desse resultado na área e na organização.

A metodologia STAR que acabamos de abordar é esquematizada de forma que o entrevistador precise passar por todas as etapas para avaliar o candidato. Trata-se de um processo mais cuidadoso, e é recomendável que os profissionais envolvidos conheçam muito bem as competências organizacionais e requeridas para a função.

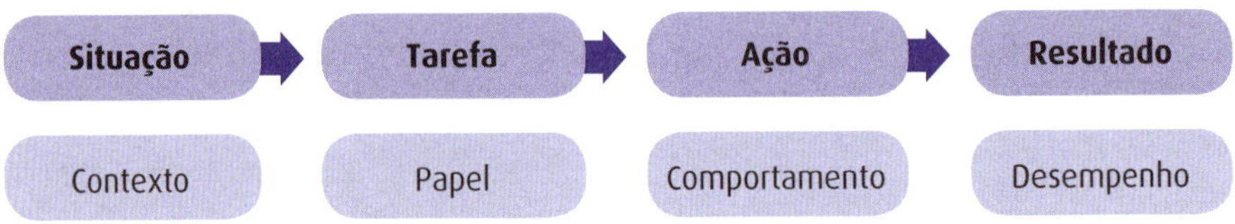

Figura 5. **Metodologia STAR**

Fonte: elaborada pelo autor.

Veja no quadro a seguir um exemplo de formulário para uma entrevista por competências.

Quadro 4. **Entrevista por competências: formulário de avaliação**

COMPETÊNCIA	DESCRIÇÃO DA COMPETÊNCIA	PERGUNTA SUGERIDA	AVALIAÇÃO (1 A 5)
Capacidade de negociação	Percebe a diferença de interesses entre os envolvidos, atua no sentido de convergir, buscando a melhor solução entre a empresa e o cliente.	Conte-me sobre uma negociação importante e qual foi o resultado alcançado. Aplicar o método STAR para explorar a situação.	
Foco no cliente	Capacidade para diagnosticar a necessidade do cliente e assegurar um suporte adequado no seu atendimento.	Conte-me uma situação em que você conseguiu ultrapassar as expectativas do cliente, explorando sua estratégia de atuação. Aplicar o método STAR para explorar a situação.	

Fonte: elaborado pela autora.

Régua de avaliação

- **Nível 1:** Nenhuma evidência da competência avaliada.
- **Nível 2:** Pouca evidência da competência avaliada.
- **Nível 3:** Alguma evidência da competência avaliada.
- **Nível 4:** Boa evidência da competência avaliada.
- **Nível 5:** Forte evidência da competência avaliada.

CONCLUSÃO

Na elaboração do modelo de gestão por competências, é fundamental ter em mente que não é suficiente mapear as competências, publicá-las e comunicá-las para a organização. Para a obtenção de resultados, é necessário que as competências estejam alinhadas à estratégia da organização e que a liderança participe da elaboração do modelo, provocando uma mudança positiva em todos os níveis.

Uma exigência fundamental desse trabalho é ter um plano estratégico de pessoas e uma linha de produtos e políticas de recursos humanos baseados nas competências essenciais da organização, a fim de suportar e gerar resultados sustentáveis.

Ao longo do tempo, é possível observar a consolidação e a redução das oportunidades de desenvolvimento, porém, com as frenéticas mudanças e exigências do mercado, é importante sempre revisitar o conteúdo e ajustar o modelo conforme a necessidade da organização.

Em todo o ciclo de vida do colaborador na organização, é possível aplicar o modelo de gestão por competências. A ferramenta poderá potencializar os seus talentos, identificar sua melhor alocação e promover um ambiente transparente, no qual cada colaborador será capaz de saber o que é esperado da sua função e que atitudes são reconhecidas como diferenciadas para a organização, bem como ter em mãos as competências que precisam ser aprimoradas.

Uma organização que aprende e que proporciona o desenvolvimento é capaz de desaprender e se reinventar nas maiores adversidades, adaptar-se e traçar novos parâmetros para os objetivos do futuro.

QUESTÕES PARA FIXAÇÃO DO CONTEÚDO

Reflita sobre o conteúdo apresentado no capítulo e responda às seguintes questões:

1. O presidente da companhia na qual você trabalha como consultor interno de RH, na reunião de resultados da empresa, apresentou um cenário de perda de espaço junto ao cliente final e, por consequência, redução da receita da empresa. A estratégia dos concorrentes é, basicamente, apresentar ao consumidor novos produtos e serviços e um diferencial no atendimento ao cliente. A empresa é de origem familiar, altamente hierarquizada, os produtos e serviços são tradicionais e fizeram a companhia chegar até aqui com ótimos resultados.
   Com base neste capítulo, trace uma estratégia de abordagem para a implementação de um projeto de mapeamento de competências.
2. A empresa XPTO não possui um plano de carreira e desenvolvimento estruturado. Os colaboradores na última pesquisa de clima apontaram esse item como insatisfatório. Recentemente, vocês implementaram o mapeamento de competências para toda a organização.
   Construa uma estratégia de plano de ação para melhorar os índices de satisfação referentes ao plano de carreira e desenvolvimento.

REFERÊNCIAS

BECKER, F. **Educação e construção do conhecimento**. Porto Alegre: ARTMED, 2001.

DUTRA, J. S. **Competências:** conceitos e instrumentos para gestão de pessoas na empresa moderna. São Paulo: Atlas, 2004.

FLEURY, A.; FLEURY, M. T. L. **Estratégias empresariais e formação de competências:** um quebra-cabeça caleidoscópico da indústria brasileira. São Paulo: Atlas, 2001.

McCLELLAND, D. C. Testing for competence rather than intelligence. In: **American Psychologist**, p. 14, jan. 1973.

PORTER. M. E. What's strategy? In: **Harvard Business Review**. v. 74, n. 6, p. 61-78. nov./dez. 1996.

PRAHALAD, C. K; HAMEL, G. The core competence of the corporation. In: **Harvard Business Review**, Boston, v. 68, n. 3, p. 79-91, maio-jun. 1990.

TREACY, M.; WIERSEMA, F. **The discipline of market leaders**. Boston: Addison-Wesley, 1995.

ULRICH, D. **Recursos humanos estratégicos**. São Paulo: Futura, 2002.

4. Caixa de ferramentas do consultor interno

JUSSARA LEMOS SOARES PENHALBEL*

A grande *expertise* requerida para o trabalho de um consultor interno é a sua capacidade de conectar todo seu conhecimento e sua experiência com sua capacidade cognitiva de raciocínio e intuição, aliados a informações, dados e fatos do problema, para propor uma solução ou intervenção.

Criar mecanismos para utilizar todo esse repertório no dia a dia, adaptando ao contexto organizacional e à área de atuação, é o grande segredo de sucesso.

Neste capítulo, serão apresentadas algumas técnicas e alguns métodos práticos de como aliar todos os elementos necessários para a composição de um diagnóstico assertivo e um método de intervenção aplicável e factível à realidade do negócio.

Para começar, vamos fazer uma analogia a um procedimento médico. Geralmente, quando passamos por algum tipo de mal-estar físico, consultamos um médico. Durante o atendimento, o médico geralmente realiza um diagnóstico fazendo perguntas, mensurando batimentos cardíacos, pressão e temperatura, entre outros exames. Em muitos casos, o diagnóstico precisa ser aprofundado, e o doutor solicita-nos uma série de exames laboratoriais. Após a apresentação dos resultados do diagnóstico, o médico nos receita uma medicação específica, com dosagem adequada e prescrição dos horários para tomar o medicamento, assim como o tempo de duração do tratamento. Com o fim do tratamento, geralmente retornamos ao médico para uma nova análise clínica.

* Graduada em psicologia pela Universidade Metodista de São Paulo (UMESP), pós-graduada em finanças pela Fundação Getulio Vargas (FGV), com MBA em gestão de pessoas pela mesma instituição. Possui experiência de quase vinte anos na área de recursos humanos, com foco nos temas de desenvolvimento organizacional (principalmente em empresas do segmento aéreo e bancário), atração e seleção de talentos, educação corporativa, gestão de clima e cultura organizacional, entre outros. Atualmente, é docente dos cursos de extensão de recursos humanos na PUC-SP. Contato: ju_ssara@hotmail.com.

Esse passo a passo do procedimento médico muito se relaciona com o que chamarei de "caixa de ferramentas do consultor interno".

A primeira relação que faremos é que, para cada tipo de problema, devemos aplicar uma certa "medicação". O propósito deste capítulo é buscar a construção da melhor "medicação" para cada caso que enfrentamos no dia a dia da gestão de pessoas.

A ideia da "caixa de ferramentas do consultor interno" é apresentar algumas opções de ferramentas e métodos de como aplicá-las na medida certa.

Para isso, vamos sistematizar o raciocínio para começar a trabalhar com a infinidade de ferramentas possíveis.

4.1 INSTRUÇÕES BÁSICAS PARA O USO DA "CAIXA DE FERRAMENTAS"

Para traçar um plano de atuação para qualquer problema organizacional relacionado à gestão de pessoas, será proposta uma estrutura básica de atuação, que auxiliará na aplicação da maioria das ferramentas que estudaremos neste capítulo:

- **1ª etapa:** Estudo de caso e diagnóstico
- **2ª etapa:** Planejamento de intervenção
- **3ª etapa:** Execução
- **4ª etapa:** Devolutiva aos patrocinadores
- **5ª etapa:** Monitoramento e mensuração de resultados

1ª etapa: Estudo de caso e diagnóstico

As demandas chegam ao RH de muitas formas: de maneira espontânea, pelos próprios gestores ou pelos colaboradores, como podemos notar a seguir.

- **Gestor:** "Tenho um colaborador com baixa *performance* e quero desligá-lo".
- **Gestor:** "Preciso fazer algo para melhorar a motivação da minha equipe".
- **Gestor:** "As pessoas da minha equipe precisam se enquadrar nas mudanças de estrutura, porque, caso contrário, terei de trocar toda a equipe".
- **Colaborador:** "Estou com problemas com o meu gestor, ele grita com as pessoas e as ofende em público".

» **Colaborador:** “Esse novo gestor não conhece nenhum processo da área e não tem condições de tocar nossa equipe”.

As demandas também podem chegar com o diagnóstico de clima, encerramentos de ciclos de avaliação de desempenho, mapeamentos de mercado e *benchmarkings*, entre outras formas.

Muitas vezes não planejamos uma técnica específica para tratar a demanda e utilizamos recursos mais práticos e rápidos para resolver um problema em questão.

O convite dessa primeira etapa é produzir um diagnóstico estruturado de cada demanda que nos é apresentada ou que é gerada por iniciativa do RH.

Na correlação com a nossa história do médico que utiliza exames laboratoriais para entender melhor uma doença, o consultor interno pode lançar mão de algumas técnicas para construir o diagnóstico, como fazer uma entrevista estruturada com o requisitante, explorar as informações na rede de relações em 360 graus, isto é, realizar uma investigação com as áreas envolvidas, as equipes subordinadas e os gestores correlacionados.

Uma pesquisa também pode ser um instrumento interessante para mensurar a opinião das pessoas, assim como reuniões com objetivos definidos e uma condução bem estruturada podem ser instrumentos rápidos de exploração de informações e entendimento dos reais problemas e possíveis soluções.

É muito importante considerar múltiplas perspectivas de percepção para a composição do diagnóstico, pois muitas vezes podemos ficar apegados a uma única perspectiva (geralmente a de um gestor com uma opinião forte), deixando de considerar outras possibilidades. Ouvir outras pessoas a respeito do problema e investigar sinais que muitas vezes não são óbvios é fundamental, como uma mudança no clima de trabalho da equipe ou a mudança de postura de algum colaborador.

A presença de um consultor interno em um processo de diagnóstico muitas vezes pode intimidar as pessoas, que, por medo de exposição ou consequências futuras, podem camuflar algumas informações, temendo prejudicar alguém ou a si mesmo. Por isso, é imprescindível uma postura de comunicação aberta e escuta ativa, contextualizando de maneira respeitosa e profissional o motivo do diagnóstico, apresentando o propósito maior de contribuição para a instituição.

Em um diagnóstico em grupo, por exemplo, como captar a verdadeira opinião das pessoas? É uma tarefa complexa, porém, para amenizar os efeitos das opiniões "politicamente corretas" ou evasivas, o consultor interno deve desenvolver sua habilidade de escuta ativa, que consiste em um diálogo espontâneo, em que ouve atentamente o que a pessoa diz "com palavras" e com "expressões não verbais e corporais", fazendo perguntas abertas, não indutivas, incentivando que a pessoas apresentem uma história dos fatos tal qual como aconteceram. Uma armadilha comum desse processo de escuta ativa pode ser o julgamento, já que o consultor pode se identificar imediatamente e emitir sua opinião. Esse artifício pode gerar empatia e estreitar a confiança, porém é necessário muito cuidado, pois a postura do consultor deve ser imparcial, já que a informação coletada pode vir de uma percepção isolada ou pontual. Como a exploração da questão deve ouvir múltiplas fontes, o consultor pode mudar de opinião após ouvir todos, por isso deve evitar ao máximo prejulgamentos ou pré-diagnósticos.

2ª etapa: Planejamento de intervenção

Para tornar as intervenções do consultor interno cada vez mais profissionais e cuidadosas, é fundamental realizar o planejamento de intervenção, etapa que consiste em estruturar o formato de como captar as informações para compor o diagnóstico e embasar uma tomada de decisão.

Esta etapa nos ajuda a parar e a refletir, a dimensionar, a considerar histórico, recursos e possibilidades, auxiliando o consultor interno a agir em busca dos objetivos de maneira eficiente.

Em muitos momentos, no intuito de agilizar os pedidos, podemos incorrer no impulso de sair fazendo, sem entender muito os motivos e os porquês, por achar que a etapa de planejamento pode ser uma perda de tempo, porém, pelo contrário, a etapa de planejamento ajudará, e muito, a alcançar os objetivos de maneira mais rápida e direcionada aos resultados.

Allen (2015) sugere uma técnica de planejamento composta por cinco fases: propósito, princípio, visão/resultado, *brainstorming* e organização. A primeira delas refere-se ao propósito: aspecto que define o sucesso, cria critérios para a tomada de decisões, alinha recursos, motiva, melhora o foco e expande as alternativas. No nosso caso, definir o propósito, perguntar *por que* estamos fazendo isso, delimitará todo o processo de intervenção. "Conhecer e ter clareza sobre o propósito de qualquer atividade é uma orientação fundamental para manter o foco, desenvolver a criatividade e aumentar a cooperação" (ALLEN, 2015, p. 96).

A segunda fase consiste na definição dos princípios, isto é, dos valores e padrões que estão implícitos em qualquer projeto ou organização. Eles estão, portanto, ligados à cultura e aos princípios éticos da organização, norteando todas as ações. Ter essa reflexão sobre os princípios contribui para o desenho do planejamento e para o processo de execução.

A terceira fase é a visão/resultado, isto é, a visualização do resultado final, a projeção na prática dos efeitos que o trabalho produzirá. Segundo Allen (2015), imaginar o resultado almejado gera entusiasmo, estimula o foco em um cenário bem-sucedido, contribuindo significativamente para o alcance de resultados.

A quarta fase é o *brainstorming*, a captação de ideias vindas de múltiplas fontes, que auxilia na construção de *insights* e alternativas. Esse processo, "além de capturar ideias originais, ajuda a gerar muitas ideias novas que talvez não lhe ocorressem se você não tivesse um mecanismo para reter seus pensamentos e refletir sobre eles continuamente" (ALLEN, 2015, p. 105).

A última etapa é a organização, parte fundamental para a operacionalização do plano, que reúne os elementos anteriores e auxilia no processo de execução das ações, à medida que identifica as partes mais significativas, classifica o conjunto de ações a serem realizadas em sequência ou nível de prioridades, além de detalhar o trabalho até o nível necessário, em busca do resultado.

Vamos pensar em um exemplo real para ilustrar a questão.

Hipoteticamente, temos um gestor muito articulado com uma equipe de baixa *performance*. O gestor, ao ser questionado sobre um plano de ação sobre a necessidade de potencialização da *performance* do seu time, rapidamente diz que a solução do seu problema é realizar o desligamento de algumas pessoas.

Nesse caso, especificamente, como poderíamos planejar a intervenção? Seguir exatamente a ideia do gestor pode representar um grande risco, se não houver um entendimento completo dessa situação, embasada em fatos e dados. Por isso, no planejamento de uma intervenção como essa, poderia haver uma combinação de etapas. Para construí-las, o consultor deve considerar o propósito da ação, o conjunto de princípios valorizado pela organização e o resultado que se deseja obter, além de pensar no conjunto de informações que precisa reunir e organizar, como o tempo que terá para entregar um resultado, o histórico do gestor, o patrocínio da alta liderança e se terá ou não orçamento. Analisando todos esses fatores, parte-se para o detalhamento das ações que serão realizadas.

No caso ilustrado, vamos supor que o seguinte conjunto de ações tenha sido escolhido:

» conversa estruturada com o gestor, realizando perguntas mais aprofundadas sobre como realiza o processo de direcionamento de atividades, suas práticas de gestão e engajamento de pessoas;

» conversa com a equipe, buscando explorar elementos de gestão de pessoas e de processo de execução das atividades, e o ponto de vista da equipe sobre o desempenho da área;

» conversa com os principais clientes da área, para captar sugestões e percepções;

» reunião para discutir as informações levantadas e traçar um plano de ação;

» Pôr o plano de ação em prática (que podem ser reuniões periódicas de *feedback* entre gestor e colaboradores, um treinamento específico, etc.).

Aqui está sendo ilustrado um exemplo fictício, com algumas etapas de investigação. O ideal é que todas as ações sejam alinhadas e validadas com os gestores envolvidos, para que se garanta um trabalho com o devido patrocínio e interesse da gestão.

Quadro 1. **Cronograma de intervenção**

Objetivo da intervenção	Entender a dinâmica de desempenho da equipe, buscando identificar oportunidades e pontos de melhoria.			
Ação proposta	**Semana 1**	**Semana 2**	**Semana 3**	**Semana 4**
Conversa estruturada com gestor				
Conversa com a equipe em 3 turmas				
Devolutiva com o gestor sobre o diagnóstico				
Validação do plano de ação com os envolvidos				
Implementação do plano de ação				

Fonte: elaborado própria autora.

O objetivo da etapa de planejamento é estruturar um conjunto de ações necessárias de forma que possam ser implementadas, que sejam simples de serem executadas, que possam ser demonstradas em cronograma, com todas as etapas validadas com os envolvidos, mantendo-os informados quanto ao andamento do processo e, prioritariamente, envolvendo-os na execução das ações. O quadro 1 demonstra um exemplo de cronograma de intervenção.

3ª etapa: Execução

Independentemente do conjunto de ações a serem executadas, alguns cuidados no momento de execução são fundamentais. A seguir, seguem algumas recomendações gerais.

Condução de grupos

Se for um processo de condução de grupos, captar a opinião das pessoas será crucial para a composição do diagnóstico. Para tanto, é preciso:

» definir claramente o público-alvo e pesquisar as características do grupo (que dias e horários tem disponibilidade, histórico de participações, histórico na empresa, tempo de casa, movimentações);

» comunicar de maneira transparente o que será feito, o que se espera dos participantes e o objetivo final do trabalho;

» realizar combinados (seja uma ação em grupo, seja individual) a respeito de confidencialidade, cronograma, tempo de duração e gerenciamento de expectativas em relação ao resultado do trabalho;

» preservar a confidencialidade dos participantes na devolutiva do diagnóstico, para evitar possíveis desconfortos e quebra de confiança;

» finalizar o encontro comunicando o que será feito com o material coletado, buscando gerenciar expectativas de ações e prazos;

» preparar-se para dar devolutivas ou *feedbacks* aos participantes, dependendo do tipo de ação;

» planejar atividades interessantes e participativas que estimulem a cooperação das pessoas: fale do problema delas com respeito e empatia;

» dimensionar o tempo de maneira equilibrada: se o tempo estourar e muitos assuntos precisarem ser tratados, combine com o(s) participante(s) quanto tempo a mais seria necessário e, se for o caso, repitam o encontro posteriormente para continuarem a sessão;

» preparar-se para imprevistos na condução de grupos (exemplo: ausência de quórum, um membro do grupo revoltoso que possa influenciar os demais e atrapalhar a harmonia do diagnóstico, grupos ou indivíduos calados, com medo de se expor ou evasivos, problemas em mídia/tecnologia, entre outras situações);
» conduzir o grupo, sem ser conduzido por ele: direcione a reunião com base nos objetivos, com foco nas questões propostas, sem dar margem para o grupo flutuar para outros assuntos e tirar o foco do resultado principal. Surgindo uma questão acessória ou paralela, combine com os envolvidos de continuar a discussão em outra data;
» realizar o fechamento da atividade, agradeça a contribuição e tenha uma abordagem positiva, de maneira que gere confiança no grupo quanto ao profissional de RH.

Pesquisa qualitativa com entrevistas individuais

Segundo Malheiros (2011, p. 201), alguns passos são fundamentais para coletar dados qualitativos. Primeiramente, devemos definir as questões que a pesquisa se propõe a responder, e, em seguida, elaborar previamente as perguntas da entrevista, pois as respostas serão encontradas se houver entendimento claro sobre os questionamentos feitos.

Outro aspecto importante é a ordenação lógica das perguntas, para que a conversa seja construída de forma a se chegar a uma resposta. Para Malheiros (2011), a logística do processo de entrevista, isto é, o local e o período em que será realizada, influi diretamente nas respostas que serão trazidas.

Planejar a introdução e o encerramento da entrevista são etapas que contribuem para despertar a abertura do entrevistado para responder às questões e tornar a conversa mais agradável. Como uma boa prática, segundo o autor, é essencial realizar um teste-piloto da entrevista para validar as questões e ajustar estratégias, caso necessário.

Uma curiosidade interessante nesse processo exploratório, em grupo ou individual, está relacionada à grande influência de quem está conduzindo a reunião e de quem está presente, participando. Se um membro do grupo inicia uma discussão calorosa e polêmica, pode ser que ela se intensifique se houver um reforço dos demais participantes ou até do líder condutor da reunião. E o caso oposto de "não reforço" também interfere na dinâmica do grupo e na tendência de compartilhamento e informações.

> Muitas vezes o comportamento verbal ocorre na presença de um ouvinte que tende a prover consequências reforçadoras contingentes ao comportamento do falante. No caso do humor, piadas, por exemplo, são emitidas com mais frequencia, caso exista uma história de reforçamento de sua emissão na presença de determinado(s) ouvinte(s). O ouvinte é, portanto, parte essencial do episódio verbal, não só por funcionar como fonte de reforçamento, mas também por fazer parte da situação na qual o comportamento verbal é observado e reforçado. (HUBNER; MOREIRA, 2012, p. 108)

O manejo do grupo, nesse sentido, exige do líder da reunião observar a interação dos participantes, notando os assuntos que são reforçados entre eles e a necessidade de dar mais enfoque em algum tema, dependendo da reação dos participantes. Por isso, criar um elo de confiança é um fator primordial nesse processo de execução. A confiança pode ser definida como uma "interação espontânea e evolutiva entre pessoas, baseada na segurança ética de procedimento, discrição, respeito e probidade, possibilitando a ampla e irrestrita troca de expectativas, conhecimentos e experiências" (OLIVEIRA, 2015, p. 152).

Logo, conquistar a confiança dos participantes é premissa fundamental para a execução das ações de intervenção propostas.

4ª etapa: Devolutivas aos patrocinadores

Estruture um documento de devolutiva das intervenções realizadas, demonstrando o cronograma com as etapas e datas que ocorreram, o público-alvo envolvido e a quantidade de reuniões realizadas. Faça uma análise dos fatos levantados, trazendo um parecer, uma construção de hipóteses, refletindo sobre as possíveis causas dos problemas, envolvendo *sponsors* e gestores na construção de uma solução.

Trace compromissos com os gestores e esteja à disposição para acompanhá-los e auxiliá-los na execução de ações, criando um canal de confiança e de troca de ideias para resolver possíveis dilemas.

5ª etapa: Monitoramento e mensuração de resultados

Estabeleça métricas, datas e combinados de acompanhamento com as pessoas e gestores envolvidos, pois essas ações geram maior comprometimento das pessoas.

Reporte as ações realizadas em fóruns estratégicos, de modo que o processo de mudança possa ser acompanhado pela organização de maneira executiva e profissional.

Se temos um caso como o do exemplo citado neste capítulo, em que o gestor sugeriu o desligamento de algumas pessoas da equipe e chegarmos à conclusão, após o processo de diagnóstico, de que as pessoas da equipe precisam de direcionamento e acompanhamento próximo da gestão, o trabalho do consultor de RH somente terá sido iniciado ao se concluir o diagnóstico. Seu maior desafio dali em diante será no processo de influência e orientação do papel do gestor perante o seu time, recomendando algumas ações e atuando como *coach* nesse momento. Promovendo essa conexão contínua com o gestor, pode-se contribuir com uma mudança de estágio de desenvolvimento da gestão de pessoas.

4.2 LEQUE DE FERRAMENTAS

Agora que conhecemos a estrutura para o planejamento de intervenções, serão listados exemplos de ferramentas que o consultor de RH pode utilizar, sozinhas ou combinadas, conforme o contexto e as expectativas, alinhadas a um objetivo específico.

Quadro 2. **Leque de ferramentas e suas aplicações**

FERRAMENTA	FUNCIONALIDADE
Pesquisa de clima	Traz um diagnóstico do momento atual, estabelecendo prioridades de atuação para promover melhorias no ambiente de trabalho.
Movimentações internas	Promovem oxigenação na organização e motivação aos envolvidos, permitindo que as pessoas tenham novos desafios e se sintam reconhecidas.

(cont.)

FERRAMENTA	FUNCIONALIDADE
Job rotation	Gera empatia, troca de aprendizado, formação de *backups*, oxigena desafios das pessoas e promove processos de aprendizagem.
Mapeamento de potencial	Permite identificar os potenciais da organização que precisam receber um cuidado especial de desenvolvimento e retenção. Esta ferramenta necessita ser associada ao processo de *feedback* e estabelecimento de plano de desenvolvimento.
Definição de metas	A técnica de definir metas e seus desdobramentos é uma ferramenta estratégica para direcionar resultados e alinhar as expectativas da organização com os colaboradores.
Gestão de desempenho	A exploração desta técnica passa por esclarecer mecanismos de "o que" se espera do desempenho individual e o "como" agir para alcançar esses objetivos. A boa utilização desta ferramenta auxilia a organização na entrega de resultados.
Plano de ação/ desenvolvimento	Estabelece um compromisso de desenvolvimento que deve ser acompanhado sistematicamente para ser levado a sério.
Plano de sucessão	Ajuda a decidir os rumos estratégicos da sucessão de pessoas e a traçar ações de desenvolvimento aos sucessores mapeados. Auxilia a detectar as áreas sem sucessores que necessitam de um plano de ação para suprir esse *gap*.
Assessment/ mapeamento de perfil	Possibilita encontrar a pessoa certa para a atividade certa, promove o autoconhecimento e a compreensão do perfil comportamental no desempenho das funções, permitindo a tomada de decisão para possíveis movimentações e melhor aproveitamento do potencial das pessoas.
Encontros com temas específicos	Permite que as pessoas se reúnam por um propósito e discutam ideias.
Café da manhã	Estimula a integração entre as pessoas.
Eventos de reconhecimento	Promove alegria e gratidão pelas ações conquistadas, multiplica exemplos positivos e reconhece o trabalho das pessoas.
Eventos de direcionamento estratégico	Faz com que as pessoas se sintam envolvidas com a estratégia, gera engajamento e participação. Incentiva o protagonismo.

(cont.)

FERRAMENTA	FUNCIONALIDADE
Ações de cultura	Incentiva reflexão sobre atitudes e contexto organizacional, promove mudanças de padrão de comportamentos, melhora processos, sistemas e relacionamentos.
Team building	Momento de desenvolvimento de uma determinada equipe, incentiva a compreensão do outro, provendo um melhor trabalho em equipe.
Coaching	Desenvolvimento individual, personalizado, com técnicas bem delimitadas e acompanhadas por um profissional especializado.
Mentoring	Promove o desenvolvimento das pessoas (*mentees*) e dos mentores, criando um ambiente de troca e de maior sinergia.
Entrevistas	Permite a investigação profunda de uma situação, sob a perspectiva do entrevistado.
Grupo focal	Capta a opinião do grupo sobre um determinado problema, permitindo a construção de um diagnóstico.
Brainstorm	Suscita a construção de ideias para resolver um problema ou criar algo novo.
Estudo de caso	Permite uma reflexão sobre atitudes, posturas e decisões. Leva as pessoas a uma dada realidade, possibilitando a construção de um processo de aproximação e similaridade com uma situação vivida para que se possa lidar melhor com uma nova situação, quando apresentado um cenário semelhante àquele estudado.
Design thinking	Técnica para construir ideias livremente e encontrar soluções.
Design sprint	Técnica de gestão de projetos que envolve de maneira rápida e dinâmica a construção de um sistema ou processo, até sua fase de implementação, em cinco dias, a partir do trabalho focado de um grupo multidisciplinar.
Encontros com a liderança	Aproxima pessoas com problemas parecidos para promover um momento de reflexão.

Fonte: elaborado pela autora.

4.3 CUSTOMIZAÇÃO DE FERRAMENTAS

Utilize sua criatividade para aplicar as ferramentas apropriadas a cada necessidade. A riqueza dessa customização é atacar o problema de maneira precisa, com técnicas que façam sentido e alinhadas ao público-alvo, conforme o contexto e o tempo disponível.

Vamos supor que você tenha um grupo de líderes que necessite um redirecionamento de atuação como gestores, incluindo boas práticas de gestão de pessoas, com reuniões periódicas de equipe, *feedbacks* e momentos de engajamento do seu time. Nesse contexto, você recebeu carta branca para propor uma intervenção de uma hora em uma reunião com esses gestores. Que ferramentas você utilizaria nesse caso?

Não é recomendável que você copie exatamente uma técnica, mas que crie uma própria, parametrizada conforme a área atendida, o público-alvo, o tempo disponível e o seu domínio pessoal sobre a atividade.

No caso específico, por exemplo, poderia ser estruturada uma atividade que envolvesse uma ação com os participantes, seguida de um momento de reflexão. Poderia ser criado um questionário de autoavaliação do líder, com perguntas relativas à sua atuação como gestor, por exemplo: 1) Avalie a efetividade e a frequência de suas reuniões de equipe; 2) Quais momentos de reflexão você proporciona junto à sua equipe?; 3) Que dificuldades você enfrentou no último *feedback*?, etc.

A reunião poderia ter início com uma abertura envolvente, que traria aos participantes um problema real, demonstrando seus resultados da empresa. Na sequência, seria aplicado o questionário e, quando todos tivessem finalizado, seria aberta uma discussão, mediando a opinião dos líderes e construindo um raciocínio de solução conjunto com as melhores práticas. Finaliza-se a atividade com o estabelecimento de um compromisso de mudança individual.

Essa técnica favorece o diálogo e a reflexão dos participantes sobre sua atitude, e permite uma continuidade após o término da reunião.

O consultor de RH também pode atuar junto aos gestores, de maneira proativa e preventiva, propondo ações de bem-estar, engajamento, reflexão, construção de ideias e programas de reconhecimento, mediando sessões de celebração e encontros temáticos. Afinal, promover um ambiente agradável, feliz e saudável aumenta a produtividade das pessoas e traz uma série de benefícios a todos.

QUESTÕES PARA FIXAÇÃO DO CONTEÚDO

Reflita sobre o conteúdo apresentado no capítulo e responda às seguintes questões:

1. Imagine que você trabalhe no departamento de recursos humanos e tenha recebido um pedido da alta gestão da organização para realizar uma ação que promova o desenvolvimento da liderança, que está muito defasada em técnicas de *feedback* e direcionamento de resultados. Com base nesse pedido, estruture o planejamento da sua intervenção, incluindo o que será feito, quais ferramentas utilizará, quem será envolvido, qual a estimativa de custo e cronograma.

2. "Tenho um colaborador com baixa *performance* e quero desligá-lo."

Com base nesse pedido de um gestor, relacione quais os cuidados que você deve tomar para realizar uma ação de RH, com bases de diagnóstico bem fundamentadas.

REFERÊNCIAS

ALLEN, D. **A arte de fazer acontecer**. Rio de Janeiro: Sextante, 2015.

HUBNER, M. M. C; MOREIRA, M. B. **Temas clássicos da psicologia sob a ótica da análise do comportamento**. Rio de Janeiro: Guanabara Koogan, 2012.

MALHEIROS, B. T. **Metodologia da pesquisa em educação**. Rio de Janeiro: LTC, 2011.

OLIVEIRA, D. O. R. **Coaching, mentoring e couseling:** um modelo integrado de orientação profissional com sustentação da universidade corporativa. São Paulo: Atlas, 2015.

5. Gestão da cultura organizacional

Jussara Lemos Soares Penhalbel*

Por que a cultura se tornou um tema tão importante nas organizações nos últimos anos?

Para entendermos a relevância do tema, imaginemos que estamos embarcando para uma viagem a um país desconhecido.

Antes de viajar, iniciamos a preparação para a partida, que passa por pesquisar qual a moeda do país, que tipo de roupa as pessoas vestem, qual a temperatura local, que tipo de comida geralmente as pessoas consomem, qual a língua falada no país, quais os melhores lugares para se hospedar, quais os principais pontos turísticos, quais os costumes do povo, que atitudes podem ser consideradas ofensivas, quais os possíveis perigos do país, que meios de transporte são adotados, qual a situação econômica local, que estilo de comunicação é praticado, etc.

Feita essa preparação, fazemos as malas e embarcamos. Ao chegar ao destino, começamos a sentir, experimentar, ouvir e viver nesse local, repleto de novos estímulos, sensações, pessoas e tradições.

Vivenciar esse novo local gera um aprendizado e pode nos despertar um processo de adaptação natural, que é a admiração pelos costumes, pelo modo de se organizar e trabalhar, ou não, que é quando nos sentimos totalmente desconfortáveis com as pessoas, com as comidas e com a temperatura, por exemplo, tendo um impulso de querer voltar para casa o mais rápido possível.

* Graduada em psicologia pela Universidade Metodista de São Paulo (UMESP), pós-graduada em finanças pela Fundação Getulio Vargas (FGV), com MBA em gestão de pessoas pela mesma instituição. Possui experiência de quase vinte anos na área de recursos humanos, com foco nos temas de desenvolvimento organizacional (principalmente em empresas do segmento aéreo e bancário), atração e seleção de talentos, educação corporativa, gestão de clima e cultura organizacional, entre outros. Atualmente, é docente dos cursos de extensão de recursos humanos na PUC-SP. Contato: ju_ssara@hotmail.com.

Esse tipo de reação à cultura acontece em praticamente todas as situações sociais que vivenciamos ao longo da vida: uma escola apresenta uma certa cultura, assim como as religiões, os clubes e até as famílias com as quais convivemos.

Cada família possui uma cultura própria, que é construída pelo conjunto de lembranças do passado e dos antepassados, experimentadas pelas emoções, pela história, pelas lições aprendidas, pelo jeito de se educar, pelo modo de se relacionar, etc. As famílias tendem a valorizar comportamentos específicos nas pessoas e geralmente passam por um processo de mudança e aceitação quando uma nova pessoa entra na família, por exemplo, fruto de um casamento.

Esse processo de conhecer uma cultura, experimentá-la e se adaptar ou não também acontece nas organizações.

A cultura é construída pela sua história, por marcas que vão sendo registradas nas experiências das pessoas, por decisões tomadas, por espaços físicos que são criados, enfim, um conjunto de elementos que são reproduzidos automaticamente para os novos entrantes.

5.1 O que é cultura organizacional?

A cultura organizacional pode ser representada pelo conjunto de comportamentos valorizados pela empresa e que se reproduzem entre as pessoas a partir do que elas veem, escutam, sentem e ouvem falar.

Para Taylor (2005, p. 5), uma cultura é criada a partir das mensagens que são recebidas sobre como as pessoas devem se comportar. As culturas se desenvolvem em comunidades de pessoas que passam um tempo juntas e compartilham dos mesmos objetivos, crenças, rotinas, necessidades e valores. Para Schein *apud* Fleury (1996, p. 20):

> [...] cultura organizacional é o conjunto de pressupostos básicos (*basic assumptions*) que um grupo inventou, descobriu ou desenvolveu ao aprender como lidar com os problemas de adaptação externa e integração interna e que funcionaram bem o suficiente para serem considerados válidos e ensinados a novos membros como forma correta de perceber, pensar e sentir, em relação a esses problemas.

Entendendo a cultura como esse conjunto de mensagens e manifestação de comportamentos, a responsabilidade organizacional de reproduzi-la ou modificá-la está distribuída pela organização, presente em cada gesto, *e-mail* ou atitude, comunicando-se constantemente de maneira pulsante na rede de relacionamentos da empresa, com o estabelecimento de conexões contínuas entre as pessoas. Com esse princípio, cada indivíduo torna-se um influenciador da cultura.

> Ideias são a força motriz do processo cultural que dá consistência (ou resistência, ou ambas) à afirmação de indivíduos ou grupos na realidade histórica das sociedades. Não é relevante ou decisivo defini-las concretamente ou julgá-las boas ou más. O fundamental é reconhecer sua ação e sua inércia. Entendidas de modo estritamente formal, ideias é um termo que designa um conjunto de convicções, crenças, opiniões, interesses e motivos, conjunto que, adotado pelo agente racional humano, individual ou coletivamente, determina seu agir. (MARTINS, 2007, p.7)

E qual é a atuação esperada do consultor interno quando tratamos do tema de cultura? O consultor interno ou qualquer pessoa de RH é membro participante da cultura, porém exerce uma função que carrega em si grande expectativa organizacional quanto à postura, alinhamento às diretrizes e também tem um papel de grande influência nas equipes e nos líderes, na medida em que representa as estratégias de gestão de pessoas na empresa.

Pensando nesse conjunto de responsabilidades, o consultor interno deve estar atento para compreender a cultura organizacional, analisar ambientes e realizar uma autoanálise constante, refletindo sobre o impacto de suas atitudes e comportamento nas pessoas e mantendo um diagnóstico de engajamento cultural atualizado nas suas áreas de atuação.

Realizando esse conjunto de medidas, o consultor interno pode estar mais bem preparado para efetivar um posicionamento assertivo nos diversos fóruns que participa e contribuir de forma alinhada aos aspectos culturais para orientar líderes e para apoiar nas decisões de contratação, de desenvolvimento, de promoção e de desligamento.

A liderança exerce um forte papel na reprodução da cultura, na medida em que suas atitudes, tomadas de decisão e condução do rumo estratégico são percebidas pelas pessoas, que compreendem a mensagem e muitas vezes a interpretam como sendo a maneira correta de agir em um determinado contexto organizacional.

Por outro lado, uma equipe já ambientada às práticas culturais e que recebe um líder recém-contratado possivelmente vivenciará uma curva de adaptação cultural e atuará no sentido de transmitir os padrões culturais ao novo líder, contando a ele os caminhos que geralmente funcionam e os que podem fracassar, pelas experiências vividas no passado e pelas tendências de comportamento validadas pela cultura.

Essa curva de adaptação aplica-se a todos – ao novo líder, à equipe e à própria organização –, que tentarão se "adaptar" à nova dinâmica do grupo, formada pela entrada de alguém novo. Inclusive, a cultura exerce uma força tão poderosa nesse momento de transição que pode determinar a permanência ou não das pessoas na organização. Aqui trago alguns exemplos de possibilidades que esse cenário pode trazer:

1. Podemos ter um novo líder com grande dificuldade de se acostumar com o padrão de comportamento vigente – se ele permanecer no ambiente violará muito seus princípios pessoais, por isso decide deixar a empresa.
2. Podemos ter um novo líder com dificuldades de adaptação à cultura, mas acredita que conseguirá se esforçar para aprender e permanecer na empresa. Porém, seu estilo muito destoante da cultura organizacional não lhe permite entregar resultados assertivos, nem gerar conversas produtivas entre as pessoas, o que pode culminar no seu desligamento por iniciativa da organização.
3. Podemos ter uma dificuldade de adaptação do grupo que culmine na saída de alguém da equipe.
4. Podemos ter um cenário de rápida adaptação do líder e, consequentemente, da equipe, o que pode demonstrar que o processo de seleção foi assertivo.

A rejeição cultural, isto é, quando não ocorre a adaptação de uma pessoa ao novo ambiente, é um processo que pode ser motivado pelo próprio grupo ou pelo novo integrante e pode culminar na saída do elemento que não conseguiu se adaptar à nova realidade. Os exemplos ilustrados demonstram a força de atração e repulsão cultural que acontece não só no ambiente organizacional, mas em qualquer ambiente em que exista uma cultura estabelecida.

Por isso, um dos processos que podem ser considerados mais contributivos para a manutenção cultural é a seleção de um novo colaborador. Se o processo seletivo for criterioso e avaliar o potencial de adaptação do candidato à cultura, as possibilidades de sucesso crescem, trazendo agilidade à entrega de resultados na área e eliminando um possível retrabalho no processo de contratação.

A cultura também se manifesta nos processos da empresa, em seus sistemas, em sua cadeia de relacionamento com fornecedores, em seus valores declarados, em suas crenças, no modo como se posiciona na mídia, no modo como apresenta resultados e como se apresenta para os candidatos (sua declaração de marca empregadora).

Ela também está presente nos símbolos criados, no modo como a organização comemora resultados e conquistas, na construção do seu espaço físico e nos ritos, muitas vezes representados por reuniões ou por outros eventos. Principalmente, a cultura se manifesta e se reforça pelos enfoques destacados pela organização: no que se investe tempo? O que é valorizado? Por exemplo: quanto tempo os líderes investem no direcionamento do time, no engajamento de propósito ou em reflexão? Quantos *feedbacks* são realizados na empresa a cada bimestre? Quantas reuniões para a troca de ideias acontecem semanalmente?

As práticas mais recorrentes da organização revelam aspectos de sua cultura, assim como alguns aspectos da gestão de pessoas indicam como funciona o processo de contratação de um colaborador: há envolvimento do departamento de RH? Do gestor? É colegiado? Esse processo é considerado importante para a liderança? Os critérios de seleção levam em conta os aspectos culturais?

Como funciona a integração de novos colaboradores, seu desenvolvimento e promoção? O que as pessoas sentem desses processos diz muito a respeito da cultura organizacional.

5.2 IMPACTO DA CULTURA NOS RESULTADOS

A cultura de uma organização tem impacto direto na sua entrega de resultados. Para refletir sobre isso, vamos pensar em um exemplo típico: um cliente faz uma compra de material de construção e se sente muito bem atendido. Durante o atendimento, o vendedor trouxe alternativas, explicou todas as dúvidas, ouviu o que o cliente precisava e agilizou o processo de pagamento. Para esse cliente, foi uma experiência primorosa de atendimento. Porém, no momento da entrega do material, o cliente se depara com a entrega de um produto errado. O cliente, decepcionado, entra em contato com a loja para efetivar a troca, já imaginando que o atendimento pós-venda seria um desafio, porém surpreende-se com o rápido entendimento do seu problema, com representantes da empresa ouvindo-o atenciosamente e agilizando o processo de troca, efetivando a entrega do produto considerando a urgência do cliente. Pelo inconveniente, o representante da empresa buscou uma alternativa para que pudesse desenvolver um relacionamento duradouro com o cliente. Ouvindo toda a história do cliente de maneira proativa, identificou um produto que o cliente compraria no futuro para sua obra e conseguiu aprovação internamente para oferecê-lo de maneira gratuita, a fim de compensá-lo pelo inconveniente. O representante da empresa então ofereceu o novo produto gratuitamente ao cliente, que ficou encantado e surpreso. A empresa acompanhou o processo de entrega do produto, mantendo contato com o cliente até o completo recebimento.

Nesse exemplo, especificamente, a atitude da empresa e de seus representantes na solução do problema gerou no cliente uma experiência positiva e de satisfação, apesar do problema enfrentado. Como consequência, esse cliente pode voltar a fazer negócios e pode, inclusive, contar a alguns amigos a experiência que teve, compartilhando essa percepção sobre a compra e a troca. Essa reputação da empresa vai ressoando no mercado com o relato das inúmeras experiências dos clientes, transmitindo um jeito de ser e de fazer negócios.

É importante observar o conjunto de comportamentos da organização e de seus representantes que produziu no cliente esse encantamento e a possibilidade de continuidade de realização de negócios no futuro.

Alguns comportamentos foram evidenciados na história, como a atenção ao cliente, a escuta ativa do problema do cliente, a empatia – colocar-se no lugar do cliente, a agilidade para solucionar o problema, a superação de obstáculos em processos internos da organização, a comunicação contínua com o cliente, a proatividade e a busca por um relacionamento duradouro.

Para que o representante da organização execute esse conjunto de comportamentos, deve estar envolvido no propósito da empresa, sabendo claramente o que se espera dele, conhecer os processos e ser um símbolo da organização a cada minuto de sua atuação.

Esse conjunto de posturas, símbolos e comportamentos formam parte da cultura organizacional.

Esse foi um exemplo simples de compra/atendimento, mas pensemos em uma situação interna da empresa. Imagine uma organização que declara em seu propósito de cultura que não admite "carteirada", isto é, que é contra acionar a hierarquia para resolver um problema, por exemplo, quando algum funcionário precisa solucionar uma questão que envolve outra área e não consegue no pedido direto, e por isso, aciona o próximo da hierarquia, que resolve rapidamente.

A mensagem cultural e simbólica que é transmitida por esse posicionamento da organização gera uma série de consequências no comportamento das pessoas, como o empoderamento dos funcionários, estimula a responsabilidade de cada um em agir de forma correta, não fomenta o famoso "jeitinho brasileiro" (se não dá pelo fluxo normal, então acionamos a hierarquia para resolver, porque precisamos dar um jeito), não gera dependência da alta hierarquia e também não incentiva uma sensação de "medo" no funcionário em se relacionar com a hierarquia. Dessa forma, o diálogo é estimulado para que as pessoas resolvam entre si as questões, gerando maior independência em relação aos seus gestores para superar obstáculos e entregar projetos.

Tudo isso também é cultura. Em um nível um pouco mais sutil, exige um tempo de reflexão do profissional de RH para ler esses cenários, para interpretar alguns sinais e impactos gerados pelo comportamento do outro e para reforçar positivamente quando acontece algo que deve ser incentivado, promovendo ajustes e eventuais mudanças na cultura.

5.3 PROJETO DE TRANSFORMAÇÃO CULTURAL

Um projeto de transformação cultural pode ser motivado por algumas situações, como: a empresa não obtém bons resultados e não sabe por quê; uma empresa deseja entrar em um novo segmento, contratou pessoas para isso e precisa de um alinhamento cultural; uma empresa acabou de ser criada e precisa modelar sua cultura para atrair pessoas com propósito e comportamento condizente; fusão entre empresas de culturas diferentes cujos funcionários precisam de direcionamento sobre como se devem portar; ou quando a empresa já está estabelecida, porém seus funcionários não têm clareza sobre os rumos estratégicos da empresa e o que esperar das pessoas.

Detectada a motivação da organização para transformar ou criar uma cultura, a próxima etapa é estabelecer uma estratégia de como isso deve ser feito.

Para organizações que precisam transformar sua cultura, por exemplo, apresentamos a seguir algumas propostas para viabilização desse objetivo.

5.3.1 Comprometimento da alta liderança

Para que o projeto de transformação cultural seja bem-sucedido, obrigatoriamente deve partir da alta liderança. A alta liderança será responsável por capitanear e catequizar a organização, seja pelo seu discurso, seja pela prática constante dos exemplos que ela quer disseminar pela organização.

A alta liderança deve participar, juntamente com o gerente de projeto, do desenho de todas as etapas do processo de transformação cultural e acompanhá-las sistematicamente. Dessa maneira, o reforço contínuo da alta liderança traz para as pessoas a informação dos comportamentos que são esperados.

As atitudes dos líderes serão o tempo todo observadas pelas pessoas, que consideram suas atitudes do dia a dia como parte da cultura.

5.3.2 Definição da estratégia

Que missão a nova cultura deve ter? Que desafios de negócio serão superados com a organização trabalhando de maneira alinhada à cultura?

Essas perguntas são fundamentais e devem ser respondidas quando se estiver definindo a estratégia que será adotada pela organização no processo de transformação cultural.

Que equipe de projeto auxiliará a organização nesse processo que tem um longo cronograma de implementação? – pode levar alguns anos até a implementação completa das atitudes no DNA da organização.

Contratando uma consultoria externa para tocar o projeto, a empresa tem a vantagem de ter uma análise isenta do seu diagnóstico, com um olhar imparcial sobre processos, pessoas, comportamentos. Além de contar com o apoio de profissionais para realizar conversas difíceis entre líderes e equipes, auxiliando em processos de mediação e transformação de comportamento.

Um trabalho como esse, sendo liderado por uma equipe interna, mesmo com um time experiente e profissional, pode apresentar alguns riscos, por exemplo, em processos de diagnóstico de cultura, a equipe interna pode prover uma análise parcial e ser levada por alguns vieses de interpretação e convivência, já que estão inseridos na mesma cultura. Outros exemplos de interferências são laços de amizade e eventuais conflitos de interesse. Em situações em que é necessário transmitir uma informação difícil para a alta liderança, a equipe interna de cultura pode não trazer todas as percepções necessárias ou *feedbacks* diretos, em razão do medo das consequências por conta da relação hierárquica, gerando atitudes por parte dos membros do time de projeto que passam, muitas vezes, despercebidas. A força de um grupo interno na execução de um projeto de transformação cultural pode ser construída a partir de uma relação franca, clara e direta com a alta liderança, tendo fácil acesso a ela. Além disso, deve ser elaborado um conjunto de ações contínuas a ser realizado na organização, permitindo que as pessoas se desenvolvam e se tornem reprodutoras da cultura no dia a dia. O principal desafio desse grupo interno é gerar *empowerment*, isto é, empoderar as pessoas para a ação, possibilitando que elas atuem de maneira independente e de forma protagonista, quando o tema é cultura.

Ambas as escolhas, trabalhar com uma consultoria externa ou com um grupo de trabalho interno, apresentam prós e contras, e a decisão correta para a organização é aquela que faz sentido para a sua realidade financeira (pois um projeto de transformação pode ter um custo elevado) ou que está adequada ao preparo das pessoas para tocar um projeto de cultura internamente, bem como o grau de maturidade da organização.

5.4 DIAGNÓSTICO DO MOMENTO ATUAL

Para realizar o diagnóstico do momento de cultura de uma organização, algumas técnicas podem ser utilizadas, como: aplicação de questionário com perguntas exploratórias sobre comportamentos praticados; realização de grupos mistos para captar a percepção dos funcionários em relação a temas de gestão de pessoas, práticas da organização e percepções culturais; entrevistas individuais com pessoas-chave da organização e influenciadores de grupos.

O diagnóstico inicial deve buscar identificar comportamentos instalados, como fruto de histórias antigas que, de alguma maneira, foram reforçadas e geraram impacto nas pessoas.

No trabalho com grupos presenciais, uma amostra de aproximadamente 10% a 20% de colaboradores da organização é o suficiente para captar o diagnóstico completo de cultura.

Nesse processo de investigação, o ideal é que se procure entender modelos de gestão, comportamentos valorizados, comportamentos reprimidos, símbolos criados pela história, estereótipos da organização, crenças, valores, medos, heróis da organização, vícios comportamentais instalados nas pessoas, problemas em processos, sistemas e imagem da organização perante os clientes.

Buscando entender esse conjunto de práticas, poderão ser compreendidos os principais problemas, e teremos um mapeamento dos principais desafios que encontramos para a transformação da cultura.

Esse diagnóstico deve ser apresentado à alta liderança, buscando construir com ela uma leitura da organização e uma reflexão para a construção de um plano de trabalho estruturado para seguir com a cultura dali em diante.

5.5 CONSTRUÇÃO DA MUDANÇA: PLANO DE AÇÃO

O diagnóstico trará insumos para a construção do plano de trabalho de transformação cultural, por isso a primeira tarefa é categorizar problemas, hierarquizando os grandes problemas da organização – aqueles que estão instalados de maneira enraizada na organização como um todo e trazem impactos muito negativos para a cultura; os problemas considerados "médios" – importantes, mas que podem ser trabalhados ao longo do processo de transformação; e os problemas "pequenos" – que poderão ser tratados em um prazo maior, ao longo do processo de transformação.

Além dessa categorização de impactos, o plano de ação pode ser dividido em frentes, por exemplo: "frentes comportamentais", trabalhando o comportamento dos funcionários da organização como um todo; "frentes de gestão de pessoas", que podem aperfeiçoar exclusivamente a liderança; "frentes de negócios", para desenvolver mudanças em processos, sistemas, produtos e ações diretas aos clientes, etc.

O ideal é que esse plano de ação esteja claro para toda a organização e que todos os envolvidos estejam comprometidos com a causa e com o propósito dessa mobilização organizacional.

Outro ponto-chave do plano de ação é estabelecer reuniões de acompanhamento periódicas e comunicar o *status* em reuniões de diretoria, pois isso garante o compromisso organizacional e a importância das ações.

5.6 DEFINIÇÃO DO QUE SE QUER SER: DESENHO DOS COMPORTAMENTOS DESEJADOS DE CULTURA

Os colaboradores da organização precisam saber exatamente o que se espera deles. Por isso, muitas vezes, o primeiro passo para a transformação cultural deve começar com uma declaração explícita de valores, comportamentos esperados e comportamentos indesejados. Muitas vezes, a organização ainda não possui esse conjunto de características construído ou bem entendido por todas as pessoas da empresa.

Portanto, se as características ainda não estão definidas, o primeiro passo é construí-las. Uma maneira de fazer isso é realizar reuniões com a liderança exclusivamente para a montagem desse trabalho, utilizando técnicas de *design thinking*, por exemplo, e pautando-se em problemas existentes *versus* a visão do que se quer ser. O ideal é que o fruto dessa reunião seja uma declaração escrita de comportamentos esperados e atitudes que devem ser abandonadas pela organização.

5.7 AÇÕES DE DISSEMINAÇÃO E COMUNICAÇÃO

Com a declaração de comportamentos esperados e indesejados pronta e validada pela direção da organização, é preciso estabelecer uma agenda de desdobramentos dessas informações para os colaboradores.

O primeiro grupo que deve estar extremamente sintonizado com os conceitos e com o propósito da transformação é o de gestores da empresa, pois é por meio deles que as pessoas se espelharão e buscarão observar atitudes de mudança. Por isso, o grupo de líderes é o primeiro que deve ser envolvido na agenda de disseminação da cultura organizacional.

Nesse sentido, qual o melhor método para disseminar a cultura? É importante ressaltar que esse processo necessita vivência. Por isso, não basta divulgar essa declaração de comportamentos esperados por *e-mail*, portal interno, materiais impressos, no site e em outras mídias. Para uma transformação cultural, é imprescindível que os gestores e colaboradores absorvam as informações, experimentem, vivenciem e consigam, principalmente, realizar uma autoanálise do seu comportamento *versus* o esperado pela organização.

Para que as técnicas utilizadas atinjam um de seus principais objetivos, que é gerar um processo de conscientização da necessidade de mudança, devem ser considerados exemplos reais de comportamentos recorrentes na empresa, a fim de gerar identificação nas pessoas e promover um processo de aprendizado. Além disso, as técnicas de disseminação podem ser configuradas de inúmeras maneiras, por meio de explanação, leitura de textos, estudos de caso, jogos, *role play* e outras atividades em grupo que promovam a vivência de alguns conceitos e comportamentos na prática. O ponto importante da aplicação de qualquer técnica é o *debriefing* da atividade, isto é, o fechamento analítico do processo com os participantes, que podem refletir sobre a vivência e compartilhar com o grupo o que sentiram e os *insights* que tiveram durante a atividade.

É muito importante que todos entendam o seu papel no contexto de cultura como influenciadores e agentes ativos, pois uma armadilha muito comum é que as pessoas esperam da liderança os comandos, exemplos, pedidos para agir e, no caso da cultura, cada um é responsável pela sua reprodução e transformação, independentemente de cargo, hierarquia, posição e tempo de casa.

Uma área que deve ser parceira no projeto de transformação cultural e que deve estar envolvida desde o início é a de comunicação. O ideal é que se estabeleça um plano de trabalho em comunicação que apoie o processo de cultura em todos os momentos, no lançamento, nas ações de sustentação e no processo contínuo de divulgação e reforço cultural.

Para envolver a organização nesse novo momento, a área de comunicação pode estabelecer uma identidade visual baseada nos conceitos de cultura e aplicá-la em todas as peças de comunicação eletrônicas e físicas. Esses mecanismos de *endomarketing* auxiliam muito no processo de disseminação de cultura, pois permitem que as pessoas lembrem das práticas culturais a todo momento.

5.8 AÇÕES DE SUSTENTAÇÃO: EXEMPLO, REFORÇO CONTÍNUO E APOIO DA GESTÃO NA MULTIPLICAÇÃO

Feito o esforço de disseminação, partimos para a etapa que acredito ser a mais desafiadora, que é a etapa de sustentação.

Nessa etapa, os colaboradores já sabem o que é esperado de sua atuação, porém é necessário pôr em prática esse conhecimento, do contrário os conceitos não saem do papel e nada muda.

Os coordenadores do projeto de transformação cultural e da alta liderança precisam manter uma agenda constante de ações culturais, para que o tema seja constantemente abordado e discutido em todas as frentes de negócio. É muito importante também que os gestores tenham, pelo menos inicialmente, um guia de práticas de cultura que possam aplicar com a sua equipe periodicamente. Também devem estimular conversas recorrentes sobre a cultura organizacional, com exemplos reais e dilemas vividos pela equipe, promovendo um espaço de reflexão em que não exista julgamento, e sim um processo de aprendizagem organizacional, em que todos estão na mesma etapa de evolução.

Outra ação que pode ajudar no processo de sustentação é implementar um programa de reconhecimento de pessoas que tenham incorporado a cultura organizacional no dia a dia e que são devidamente percebidas pela organização. Um programa como esse estimula os funcionários a observarem a prática de atitudes de cultura nos outros, podendo, assim, promover mudanças em si próprios.

A comunicação institucional deve ser muito atuante nessa etapa, utilizando a cultura como um elemento estratégico para a virada organizacional e de negócios, demonstrando a todos que as ações realizadas, quando alinhadas à cultura organizacional, impactam diretamente em resultados.

5.9 AVALIAÇÃO CONTÍNUA

A cultura organizacional precisa passar por um processo de avaliação contínua, afinal são necessários constantes estímulos mobilizadores para que as pessoas continuem entendendo o propósito e a importância em relação ao tema, que é de grande impacto para o negócio e seus resultados.

As ferramentas de recursos humanos precisam estar integradas e alinhadas às práticas culturais. Em fóruns de avaliação de desempenho ou mapeamento de potencial, é fundamental abordar o tema, a fim de reconhecer pessoas alinhadas e desalinhadas à cultura, e realizar ações de *feedback*, mencionando claramente aos colaboradores como eles estão sendo percebidos pela empresa em termos de alinhamento cultural.

A alta liderança frequentemente também precisa de momentos de reflexão e de reavaliação quanto à incorporação da cultura organizacional em seus atos, para que possa perceber quanto tem reforçado a continuidade de certos comportamentos e quanto é de sua responsabilidade estimular os funcionários para que as mudanças aconteçam.

Podemos medir a temperatura cultural elaborando pesquisas *on-line* ou presenciais, a partir de grupos de discussão de temas, entrevistas individuais, etc., investigando não só comportamentos, mas mudanças que foram ou precisam ser realizadas em sistemas, processos ou atendimento, que, de certa maneira, dependem de uma cadeia de comportamentos das pessoas.

Que mensagens sua cultura quer passar? Este capítulo encerra-se com essa importante reflexão, considerando, principalmente, que a cultura é um organismo vivo e que necessita de constante cuidado, "alimentação" e "retroalimentação" para crescer e se desenvolver constantemente. O que a manterá estratégica e atualizada ao propósito da organização é a energia constante de uma liderança engajadora e o conjunto das atitudes de cada integrante da organização.

QUESTÕES PARA FIXAÇÃO DO CONTEÚDO

Reflita sobre o conteúdo apresentado no capítulo e responda às seguintes questões:

1. Qual a influência da liderança na construção e na consolidação da cultura organizacional?
2. Quais ações podem ser realizadas para disseminar uma nova cultura organizacional?

REFERÊNCIAS BIBLIOGRÁFICAS

FLEURY, M. T. L. **Cultura e poder nas organizações**. São Paulo: Atlas, 1996.

MARTINS, E. R. **Cultura e poder**. São Paulo: Saraiva, 2007.

TAYLOR, C. **Walking the talk**. New York: Random House Business Books, 2005.

6. Conflitos, negociação e ação do consultor

João G. Monteiro Junior*

6.1 CONTEXTO DOS CONFLITOS

Lidar com conflitos é um dos problemas mais comuns e instigantes para os profissionais de gestão de pessoas. Temos a leitura do conflito como sinônimo de problema, algo saliente, que requer refinamento, esforço, trabalho. Normalmente incômodo, embora desafiador, os conflitos podem ser graduados em sua extensão e complexidade. Menores, maiores, simples ou complexos, isso é parte do senso comum que classifica o conflito em nosso dia a dia. Na teoria, somam-se muitas frentes de análise possível. No pensamento de Ulrich, como as organizações estão em permanente mudança para serem bem-sucedidas, necessitam materializar suas estratégias em ação, bem como conduzir bem seus processos, com eficácia, requerendo compromisso e colaboração interna (ULRICH, 2000). Esses fatores revelam a latência de conflitos no cotidiano das organizações, indicando a relevância do preparo de consultores internos na gestão de conflitos e para o alcance de objetivos organizacionais.

Entre as possíveis classificações dos conflitos, pode-se discriminá-los como sendo do tipo interpessoal, intragrupo, intergrupo e interorganizacioal (JONES; GEORGE, 2008). Uma outra leitura deles, da qual não escapamos como pessoas,

* Administrador (EAESP-FGV), mestre em administração (USP) e doutorando em educação (PUC-SP). Consultor de empresas com experiência em educação corporativa, recursos humanos, estratégia e projetos em sustentabilidade. É professor universitário na PUC-SP. É o atual chefe do departamento de administração da FEA/PUC-SP e coordenador dos cursos de especialização e de extensão da COGEAE/PUC-SP. Ocupou posições executivas em organizações de serviços e industriais. Contato: jmonteiroj@gmail.com.

são os conflitos intrapessoais (LEWICKI; SAUNDERS; MINTON, 2002). Para a resolução dos conflitos, podem ser apontadas estratégias de competição, colaboração, compromisso, a de não enfrentamento e a de acomodação (ROBBINS; JUDJE; SOBRAL, 2011). Alguns desses modelos conceituais emolduram o estudo sobre conflitos, e aqui são abordados de forma a alinhar a teoria com o trabalho do consultor de pessoas. Algumas dessas teorias, pela própria nomenclatura, como os da gama "inter" – pessoal, intergrupos, etc. –, são autoexplicativas ou intuitivas. Outras trazem inspirações úteis para o trabalho do consultor, como veremos neste capítulo.

Conflito envolve percepção. Alguém pode observar as relações entre as pessoas e coisas e ali não perceber qualquer nuance de atrito, e sim neutralidade. Outro pode notar algum desconforto ou desafio a superar, portanto, uma tensão existente. Normalmente, trata-se do conflito no senso comum, como algo negativo, mas uma análise mais aprofundada propicia dar-lhe a cor de um desafio, ressignificando a tensão existente em conflitos como algo positivo, em busca de objetivos organizacionais que contemplem também os quadros funcionais. Na prática, o consultor dirige suas competências para minimizar problemas que geram e aquecem conflitos, e ainda, para aliar aos conflitos, a força e a maturidade das pessoas, que se beneficiam nesse processo.

Para o consultor, o desafio permanente é a maneira como deve atuar, perante fatos negativos, com a maior neutralidade possível, utilizando conhecimentos técnicos, sua experiência e a leitura do contexto da organização e do conflito. Seu papel está em buscar êxito a partir desse posicionamento mais neutro, somado à escolha de quais conhecimentos e posturas auxiliam compensações em situações de conflito, em vez de rupturas. Nesse escopo, lidar com modelos mentais que dão contorno ao que pensamos, com as personalidades ou os estilos das pessoas presentes nos conflitos, e considerar o estágio ou momento de vida das pessoas são tarefas importantes para o consultor. Um diálogo consistente, como proposto por Bossidy e Charan, sublinha o que se afirma como ação sobre conflitos. As pessoas devem participar com a mente aberta, deve-se ouvir todos os lados, não chegar com ideias preconcebidas ou com agendas próprias. Ao falarem abertamente, ao usarem da informalidade, usufruem da franqueza, podendo, então, expressar suas reais percepções e opiniões, em vez de se concentrarem em agradar a cúpula ou manter o *status* existente (BOSSIDY; CHARAN, 2010).

No contexto organizacional, o clima é um indicador amplo de quanto reverberam os conflitos em uma organização. Muitos conflitos tendem a evidenciar o contraditório sobre crenças e expectativas que uma organização tem, e normalmente estão postas pelo nível estratégico da organização. Em vez de estarem sendo materializadas, essas crenças e expectativas podem ser outras para os funcionários que trabalham na organização. Esse é um campo fecundo para um clima organizacional não desejável, potencializador ou mantenedor de conflitos. Em sua lida, ao se mapear focos e impactos de conflitos, obtém-se um quadro a partir do qual cabe decidir que estratégia adotar conforme o conflito.

6.1.1 Natureza dos conflitos e evolução conceitual

Ao refletir sobre os conflitos, tem-se uma ampla gama de considerações sobre suas possíveis causas e seu pertencimento ou origem. É fácil entender que os conflitos estão centrados nas pessoas, diante de outras, ou de coisas, de maneira individual ou coletiva, e, sob outro ponto de vista, há conflitos que se referem à pessoa consigo mesma ou às suas características pessoais. Assim, se considerarmos o campo profissional, o mundo do trabalho, como prisma para exame dos fenômenos atinentes ao conflito, revelam-se costumeiramente problemas de pessoas em relação a grupos, colegas ou chefias, por divergências que possuem causas de ordem objetiva (como não concordância em relação a determinadas ordens, a formas de gestão ou de processos para realizar atividades) e de ordem subjetiva (a exemplo de vieses perceptivos em relação a fatos, resistências entre pessoas com fundo psicológico, histórico de dificuldades na relação entre pessoas e grupos). Sob outro prisma, fatores de ordem física e aqueles afetos às condições de trabalho, como os de base psicossocial, que abrangem os aspectos psicológicos e de relações entre as pessoas, fomentam ou propiciam um determinado clima organizacional, retratando a latência dos conflitos em gerar desafios para as organizações.

Todas essas considerações levam a uma constatação efetiva: a de que um consultor, atuando nas mais variadas áreas organizacionais, vive inserido em conflitos, e uma de suas competências mais essenciais é de contribuir para que as contradições possam ser exploradas e, se possível, superadas, ou, ao menos, levadas a um outro patamar, menos nocivo e que traga uma noção mais exata dos aspectos imbricados no conflito e nos vínculos com as pessoas que ali se veem envolvidas.

Na linha do tempo da concepção dos conflitos e de seus reflexos no trabalho, parte-se de 1930 e 1940, quando o conflito era visto como ruim e como algo que deveria ser evitado. Dessa visão tradicional, chega-se a uma outra, que entende ser o conflito inevitável. Nessa concepção, se não há conflito, há apatia, insensibilidade para mudar e inovar, requerendo que haja interação entre líderes e subordinados, a fim de que, havendo um mínimo de conflito, a equipe mantenha-se coesa, criativa e autocrítica. Nessa concepção interacionista, os conflitos são tidos como funcionais, quando apoiam os objetivos do grupo e melhoram seu desempenho, ou disfuncionais, quando os conflitos são foco negativo em termos de conforto e produtividade, para as pessoas e para as organizações. Esses "maus" conflitos podem também serem vistos como sendo de tarefa, de processo ou de relacionamento. Nos conflitos de tarefa, há problemas em relação ao conteúdo e aos objetivos de trabalho. Nos de processo, há questões em relação a como o trabalho é realizado, e, nos de relacionamento, tem-se como foco central as relações interpessoais (ROBBINS; JUDGE; SOBRAL, 2011). Evidentemente, níveis baixos de conflitos de processo, como baixos ou moderados de conflitos de tarefa, podem ser funcionais. Os conflitos de processo tornam-se disfuncionais quando há incerteza quanto aos papéis a desempenhar, aumentando o tempo de realização de tarefas e levando as pessoas a trabalharem com propósitos não alinhados. Um nível baixo ou moderado de conflito de tarefa propicia debates sobre ideias, estimulando a criatividade e inovação, mas não o desempenho de tarefas rotineiras. Se os membros de um grupo compartilham os mesmos objetivos e possuem elevado grau de confiança, também podem ser esperados resultados positivos dos conflitos (ROBBINS; JUDGE; SOBRAL, 2011).

Robbins, Judge e Sobral também retratam a visão contemporânea do conflito, com foco em resultados, que surge no fim do século XX. Nasce em decorrência da observação de que os conflitos no trabalho, via de regra, não são produtivos, seja por tomarem tempo importante, seja por refletirem nas pessoas, gerando mágoas e emoções negativas, como a raiva, que permanecem na memória ao longo do tempo. Certamente, conflitos como os de tarefa podem se ampliar, gerando os de relacionamento. Pesquisas indicam que, numa perspectiva de longo prazo, todos os tipos de conflito reduzem a confiança, o respeito e a coesão nos grupos (ROBBINS; JUDGE; SOBRAL, 2011). Dessa forma, administrar o contexto nos quais os conflitos se dão, minimizando seus efeitos negativos, passa a ser um recurso imprescindível para a vida organizacional. Para tanto, a leitura do ambiente no qual a organização está inserida, como um fator macro, considerando a economia, a tecnologia, as instituições, o mercado, a política e as alterações de legislação, afeta o fator micro, no qual a empresa, com seus funcionários, estabeleceu uma estrutura, sistemas, processos e uma cultura determinada. Essa percepção mais ampla permite entender que fatores podem ser determinantes para o surgimento de conflitos e notar em que nível tais fatores podem ser ou não administrados.

Do mesmo modo, ao lidarmos com conflitos, esses fatores macroambientais podem estender-se, refletindo diretamente na vida das pessoas e na condução de negócios de uma empresa.

Outras questões, que também merecem a leitura para contextualizar o conflito, estão diretamente ligadas à organização. A mudança de direção ou a troca de chefias, a aquisição ou a venda de empresas, a inserção de novos processos de trabalho com mudança de sistemas, as demandas de mercado, o faturamento previsto e realizado, e as revisões de orçamentos são exemplos de leituras micronecessárias e vitais, para que se tenha acuidade em visualizar os conflitos em seu contorno. Afinal, a causa ou as causas, singulares ou mescladas, podem trazer limitações na superação ou no contorno de conflitos.

Finalmente, há de se ter em mente que os conflitos trazem efeitos negativos, se forem negados, não percebidos ou ignorados, pois tendem a ser reavivados. Ao contrário, geram efeitos positivos e produtivos, se percebidos e solucionados pelas partes envolvidas, permitindo a comunicação intergrupal, a compreensão e cooperação entre as partes e os grupos, impulsionando mudanças, aceitação de decisões e criatividade, entre outros benefícios, contribuindo para as pessoas e a organização (FIGUEIREDO, 2012).

6.2 A GESTÃO DE CONFLITOS

Atuar sobre conflitos impõe lidar com dois tipos de dificuldade. A mais usual é tentar resolver o conflito, encaminhá-lo bem. A outra é impedir que um conflito fraco aumente de intensidade, para não afetar os interesses da organização e das pessoas.

Para conflitos de processo ou de tarefas, muitas técnicas podem ser utilizadas para diagnosticar questões e promover mudanças. Ferramentas de desenvolvimento organizacional, qualidade total, reengenharia, abordagens sistêmicas e *design thinking* ajudam a atuar nesses conflitos, que envolvem possibilidades da organização e formas de tornar o trabalho com mais sentido e menos problemático, do ponto de vista de equipes e de pessoas que o realizam individualmente.

Na alçada dos conflitos interpessoais, a capacidade de leitura do consultor é fundamental. Na gestão de conflitos em busca de resultados, além de fazermos uma leitura do contexto macro e micro do que ocorre com a vida organizacional, é importante discriminar entre o que há de positivo e negativo em relação aos conflitos. O positivo são as saliências que se observam, os problemas que surgem e se mostram interessantes, já que impulsionam a busca de soluções. Já o negativo traz tensões, gera um ambiente improdutivo, traz agressividade e outras emoções negativas. Nos conflitos centrados em relacionamento, tem-se uma análise clássica, utilizada por vários autores (ROBBINS; JUDGE; SOBRAL, 2011; LEWICKI, SAUNDERS, MINTON, 2002), que propõe dois eixos para formular um modelo útil para entender e trabalhar os conflitos. Esses dois eixos, ou variáveis, são o interesse sobre si mesmo (assertividade) e o interesse sobre os outros (cooperação), que podem variar entre um nível baixo e alto.

Figura 1. **Variáveis básicas para lidar com conflitos**
Fonte: adaptado de Robbins, Judge e Sobral (2011).

O compromisso é uma posição intermediária, em que são feitas concessões entre as partes. A competição fixa o interesse apenas em um lado, necessariamente impondo diferenças ao outro lado e desconsideração sobre seus interesses.

Na colaboração, ambos os interesses estão postos e considerados, buscando uma solução que tenha amplitude em termos de satisfação. Na evitação, as partes negligenciam tanto os seus interesses como o dos outros, optando-se por não tratar do conflito. Na acomodação, centra-se em satisfazer os interesses dos outros, em detrimento dos próprios interesses. (LEWICKI; SAUNDERS; MINTON, 2002)

Todas essas posições refletem estratégias a se adotar em relação aos conflitos. Ao cruzar a relevância do problema e o impacto do conflito com essas posições, tem-se uma visão do campo de ação do consultor. Nesse sentido, algumas reflexões ajudam a ver que, em certas posições, não cabe agir seguindo uma determinada direção. É essencial perceber que a competição, ou agir de forma compulsória, fere quem detém alta competência. Na acomodação, sendo prestativo ao outro, deve-se considerar se a outra parte não está errada ou se não sendo ética. No compromisso, vale observar se está sendo examinada a complexidade do problema a fundo, para se chegar a um acordo. Já a evitação cabe ou não na razão direta da importância da questão ou conflito, e a colaboração, por mais desejável que seja, pode não ser a melhor estratégia, ao se requerer uma decisão imediata, ou se a habilidade e o interesse da outra parte na resolução de problemas são incipientes ou pequenos (LEWICKI; SAUNDERS; MINTON, 2002).

É importante também observar certos fatores que podem indicar problemas ocultos, visto que não se percebem claramente como conflitos, embora eles já estejam ali, com potencial latente. São alguns desses fatores: a falta de ideias novas, a baixa criatividade, a ênfase contínua em se chegar a consensos, o temor em admitir incertezas ou ignorância e procurar concordar com tudo, muita preocupação em não ferir sentimentos, impressão de paz e cooperação, apesar das contradições com o que se pensa e sente, predominância do tom de "advogados do diabo" nas falas das pessoas, comportamento antagônico entre o formal, que concorda, e o informal, que expressa discordâncias, etc. A atitude do consultor deve ser a de observar e aprofundar tais pontos, ciente de que podem significar tensões delicadas no futuro.

Outra perspectiva para se enxergar os sistemas vivos que são as organizações é usar um ferramental mais holístico para o entendimento do lugar e do encaminhamento dos conflitos, como as teorias relacionadas à aprendizagem organizacional, à percepção e às mudanças, trabalhadas por Peter Senge e as encontradas na Teoria U de Otto Sharmer, por exemplo. Para Senge, níveis mais profundos de aprendizado geram maior consciência do todo, o que revela que, se a percepção não superar acontecimentos corriqueiros e circunstanciais, nossas ações serão apenas reativas

(SENGE, 2014). Para Sharmer, a imagem da letra "U" mostra diferentes níveis de profundidade de percepção da realidade, além dos variados níveis de ação decorrentes. Inspirada em várias fontes, essa teoria parte do sentir (o início do U), como forma de se mesclar ao problema, observando-o; passando para um momento de presenciar a própria sabedoria (a base do U), que vem pelo recolhimento e reflexão próprios; e a fase final, que é a de concretizar transformações, seguindo-se o fluxo (de subida do U) (SHARMER, 2010). Para um consultor interno, essas contribuições podem ser um pano de fundo interessante na lida com os conflitos, pois ajudam a compreender que somos parte indissociável dos conflitos que buscamos solucionar. Assim, tem-se a sutileza de notar a diferença entre agir na organização e sobre a organização.

6.2.1 TÉCNICAS DE GESTÃO DE CONFLITOS

Das duas dificuldades, a de diminuir (ou erradicar) um conflito e a de estimulá-lo, surgem as experiências sobre como realizar isso, indicando algumas técnicas que podem ser úteis em diferentes situações. Robbins (1974) expõe diferentes técnicas, que apresentamos a seguir, destacando algumas e acrescentando outras.

Quadro 1. **Técnicas para gerir conflitos**

TÉCNICAS DE ESTÍMULO DE CONFLITOS	TÉCNICAS DE COMBATE AOS CONFLITOS
Comunicação Usar mensagens ambíguas ou fortes (tom mais ameaçador).	**Resolução de problemas** Colocar as partes em contato com o objetivo de identificar problemas abertamente e buscar soluções.
Incluir a diferença Incluir em grupos de trabalho pessoas com perfil diferente dos membros comuns.	**Suavização** Minimizar diferenças, mostrando interesses comuns.
Reestruturar áreas Realinhar grupos de trabalho, com aumento da interdependência, alteração de regras e procedimentos.	**Expandir recursos** Ofertar mais recursos em vista do que as pessoas demandam, podendo-se alinhar essa expansão com alinhamentos das pessoas e das áreas.

(cont.)

TÉCNICAS DE ESTÍMULO DE CONFLITOS	TÉCNICAS DE COMBATE AOS CONFLITOS
Nomear um advogado do diabo Essa pessoa terá o papel proposital de provocar a discussão das posições da maioria dos grupos.	**Comando centrado** Usar da hierarquia para resolver o conflito para depois comunicar a decisão.
Exercer a criatividade Utilizar metodologias dinâmicas para enfocar o problema, como jogos, uso de *design thinking* ou *world café*.	**Treinamento/*coach*** Modelagem comportamental para alteração de atitudes e comportamentos.
	Alterar processos/estrutura Promover alterações de função, redesenhos de estrutura e atribuições, transferências, normas.
	Concessão As partes cedem em algo valioso.

Fonte: adaptado de Robbins (1974).

6.2.2 Os tipos humanos e a abordagem de resultados para conflitos

Em uma perspectiva prática, com foco em conflitos de relacionamento, nos estudos realizados sobre a variação da reação de pessoas em situações de conflito, podemos identificar "traços" que distinguem as pessoas umas das outras, expressando características de suas personalidades, assim como tipologias de pessoas, permitindo que sejam utilizadas abordagens a partir do comportamento. Embora não seja possível "enquadrar" uma pessoa perfeitamente em um determinado tipo, estudos retratam variações interessantes de comportamento das pessoas diante de situações de conflito – ou mesmo em situações outras, a exemplo de estudos de Roberto Coda e Cecília Bergamini. Nessa gama de tipologias de pessoas, pode-se verificar tanto pessoas mais difíceis – os tipos enunciados pelo psicólogo Murray Oxman –, como tipos que expressam, ao contrário, maior flexibilidade. Um bom consultor deve estar atento à amplitude de concepções e complexidade sobre comportamento humano e a tipologia humana. Aqui empresta-se um olhar ao modelo de Kets de Vries e Miller, conforme demonstrado por Pinel (1996), ao citar o resumo feito por Moscovici. O modelo, em uma perspectiva freudiana, trata de estilos de executivos que também podem espelhar o comportamento de outros colaboradores de uma organização em geral. Os autores definem cinco estilos: paranoide, compulsivo, dramático, depressivo e esquizoide. O exercício consiste, portanto, em refletir sobre esses estilos, a fim de pensar em formas de abordagem possíveis. Tem-se assim perspectivas para compreender melhor o comportamento de alguns colaboradores e combater conflitos, recomendando-se aos consultores a crítica e a ampliação desse modelo, conforme o quadro a seguir.

Quadro 2. **Estilos pessoais e abordagens em situações de conflito**

DENOMINAÇÃO E CARACTERÍSTICAS	FORMAS DE ABORDAGEM
Paranoide. Desconfia das pessoas com uma sensibilidade extremada, mantendo-se em estado de alerta. Tem muita prontidão para revidar ameaças percebidas, demonstrando forte preocupação com motivos ocultos e outros significados possíveis ao interpretar ações e fatos. Mostra-se normalmente racional, frio, não expressando emoções. Parece entender que existem forças que o ameaçam, fazendo-o ficar permanentemente numa postura defensiva e alerta.	No contato com pessoas assim, deve-se tratá-la pelo nome, mantendo contato visual, todo o tempo. Deve-se demonstrar a compreensão sobre os "perigos" que ela percebe, ao mesmo tempo em que se demonstra dúvidas sobre se o que interpreta da realidade não poderia ser visto de uma outra forma, usando exemplos de outras pessoas ou usando recursos como comunicações feitas por outros, em documentos, em conversas ou reuniões. É recomendável demonstrar a essas pessoas o ponto a chegar, o que é efetivamente esperado, relacionando-o ao momento atual e futuro.
Compulsivo. É perfeccionista, com foco em detalhes, procura insistir no melhor modo de fazer as coisas. Entende as relações na polarização entre dominação e submissão. Não demonstra ser espontâneo e ter habilidade para ficar relaxado. É normalmente meticuloso, obstinado e dogmático. É compelido a controlar as coisas que lhe dizem respeito, indicando repulsa a ser controlado.	Na lida com esse estilo, deve-se indicar uma visão do todo, de objetivos a se alcançar. Lembrar que o bom, o necessário, pode ser inimigo do ótimo, que há certas prioridades e que sempre as coisas estão sendo revistas e aperfeiçoadas. Pode-se também mostrar conhecimento de suas contribuições de destaque, elogiando-as, e quanto sua busca por perfeição é relevante.

(cont.)

DENOMINAÇÃO E CARACTERÍSTICAS	FORMAS DE ABORDAGEM
Dramático. Procura chamar atenção, expressando narcisismo, necessidade de excitação e ativismo exacerbado. Alterna entre idealizar e depreciar os outros e tende a ser explorador de pessoas. Não demonstra concentração e estar focado.	Indicar impactos importantes sobre a motivação e a harmonia que são esperados no momento. Que, como equipe, todos temos talentos e competências que devem ser somados, portanto, positivados, e superados os que não são tão relevantes para os acontecimentos. Há que se observar ritmos diferentes e respeito a eles, como priorizar coisas que merecem foco e prioridade.
Depressivo. Esse normalmente manifesta culpa, autocensura, sente-se inadequado, e demonstra baixa autoestima. Sente-se desprotegido, desesperançoso, ficando à mercê dos acontecimentos. Com isso, seus sentimentos trazem bloqueios a um pensar mais claro, facilmente vê o lado negativo, caindo em desinteresse e perda de motivação. Capta da realidade fatos e comportamentos que forjam sua convicção de que as mudanças são muito difíceis e que sua contribuição vê-se tolhida.	Deve-se procurar deixar a pessoa confortável, mostrando que todos temos inseguranças, mas que é possível sair de hesitações. Enfatize o momento, os aspectos positivos mais que as dificuldades, indicando ser ela uma peça fundamental de processos para superar conflitos ou articular mudanças. Indique experiências positivas ou neutras sobre questões vivenciadas no passado. Informe haver um tempo limite para que se chegue a um termo. Dar apoio à pessoa, acompanhando ou dando suporte a ela nos próximos passos do processo que está sendo vivenciado.
Esquizoide. Nesse estilo, a pessoa tem distanciamento, não envolvimento, falta de entusiasmo, é indiferente a elogios e críticas e, quando pode, evade dos acontecimentos. Expressa frieza, acreditando que suas interações com os outros poderão fracassar e lhe trazer dissabores, não encontrando satisfação no mundo do trabalho, sendo, assim, mais interessante manter-se distante das coisas e pessoas.	Na lida com esse tipo de pessoa, deve-se procurar marcar ações a serem feitas e em que esteja envolvida, indicando prazos, pessoas envolvidas, responsabilidades. Levantar riscos que podem estar sendo ditos subliminarmente, de forma a argumentar em direção oposta, mostrando benefícios que serão alcançados quando os resultados chegarem e a riqueza do processo que está sendo trabalhado.

Fonte: elaborado pelo autor a partir dos estilos de Kats e Miller, apresentados por Pinel (1996).

No estudo dos tipos, é comum fazer um recorte em relação ao gênero masculino e feminino. Normalmente, as mulheres tendem a ser mais cooperativas e menos agressivas que os homens. Há nelas uma tendência maior a sugerir ações do que a impor ideias por meio de ordens, bem como negociar papéis a serem desempenhados por outras pessoas do que determiná-los aos outros. Elas indicam suas razões por trás de suas sugestões, diferentemente dos homens, que costumam exigir sem mostrar suas razões. Homens focam mais no conteúdo das questões, e as mulheres privilegiam os relacionamentos. Embora esses aspectos sejam generalizações, é relevante ter essas considerações em mente, sendo também de senso comum a tendência dos homens em encarar e lidar de uma forma mais fria e direta as questões levantadas em conflitos do que as mulheres.

A amplificação do que é gênero, para além de masculino e feminino, somada a uma estética contemporânea, que se vale de tatuagens, e adereços aplicados à pele, traz consigo uma nuance importante para o trabalho. São essas eventuais fontes de conflito, de aceitação ou não de comportamentos ou formas de apresentação pessoal, que se fazem notar como questões no mundo do trabalho. O mesmo ocorre em relação a pessoas portadoras de alguma deficiência, que trazem ao campo profissional extensões referentes à sua condição plena como ser humano e que atingem a gestão de pessoas. Questões como assiduidade em relação a quadros de saúde, encarreiramento interno e outras permeiam a vida organizacional e podem significar conflitos. Perceber tais nuances é importante para o profissional de RH e requer dele abertura para o entendimento do contexto, da sociedade e do comportamento humano em relação a seus valores. Ao lidar com situações de conflito, o próprio profissional, com seus sentimentos, formas de pensar e de se expressar, tende a enviesar a condução de suas ações em meio à lida de conflitos.

6.3 NEGOCIAÇÃO

Essencialmente, o estudo da negociação retrata dois tipos de linha de negociação. Lewicki, Saunders e Minton (2002) e Jones (2008) os classificam como distributiva e integradora. A distributiva é aquela em que as partes buscam suas próprias vantagens, e delineia uma definição da oferta ou do objetivo inicial, e os pontos de resistência. Essa linha de negociação, embora não sendo a que prevalece como a mais adequada para a lida com os conflitos, deve ser conhecida, visto ser comum a pessoas e grupos atuarem dessa maneira perante os conflitos. Lewicki,

Saunders e Minton (2002) indicam táticas para se lidar com negociações nessa linha. Existem as táticas duras, como a de jogar alto ou baixo uma oferta ou condição, fazendo a outra parte rever sua posição perante o extremo proposto; dar importância a algo que não o é, buscando concessões em algo realmente importante mais à frente na negociação; impor algo adicional para fechar um acordo; adotar um comportamento intimidador, com base em um estratagema emocional, como o medo de perder uma oportunidade de fechar o acordo naquele momento. Gil (2001) enfatiza outras, como apelar para o limite de autoridade, dificultando concessões; estender o tempo, para gerar cansaço; insinuar a existência de consequências. Essas formulações indicam um enfoque atento a uma única parte, ou a si mesmo na negociação, o que, para a lida com pessoas, não é a perspectiva mais favorável à busca de suas melhores *performances*, em que somar pode trazer benefícios sinérgicos. Ao consultor, importa perceber essa tônica e procurar encaminhar avanços de uma outra forma, em que as metas das partes não sejam mutuamente exclusivas.

A outra linha de negociação, a integrativa, é aquela em que as partes focam soluções que venham ao encontro de ambas as partes, e também é conhecida como ganha-ganha ou de solução de problemas (LEWICKI; SAUNDERS; MINTON, 2002). Essa negociação é vista como um processo cuidadoso de planejamento e replanejamento e requer condições para ocorrer de forma bem-sucedida. Os autores citam a necessidade de se fixar metas comuns entre as partes; validar a posição das outras partes; ter clara e boa comunicação entre os envolvidos; saber como funciona o processo; ter confiança entre os negociadores; haver motivação para trabalhar em conjunto e ter competência para resolver o problema. Um complemento a essa visão integrativa da negociação é a proposta por Parikh (1999), quando afirma ser importante considerar estar acima dos opostos e buscar uma visão compartilhada, fazendo as partes estarem do mesmo lado da mesa, revelando interdependência e, ao mesmo tempo, reciprocidade. Essa percepção também ecoa na teoria "U" de Sharmer (2010), como forma de não só conhecer as questões, como entrar num fluxo de integração e presença, em que a sinergia e o fluxo positivo integra o encontro de caminhos.

A resolução de conflito exige uma negociação, certamente maior do que a que requer a estimulação de conflitos. Naturalmente como uma parte das interações humanas, a negociação se estabelece em virtude da oposição de interesses, e foca em um resultado, com maior ou menor equilíbrio entre as partes. Pode-se pensar nesse equilíbrio idealmente, como muitas teorias colocam: as partes devem se sentir satisfeitas com os resultados alcançados para si e para o outro. Assim, como afirmam Robbins, Judge e Sobral (2011), o negociador deve buscar a melhor alternativa para um acordo (BATNA – *best alternative to a negotiated agreement*). Ou seja, em ação ante a um conflito, o negociador deve tanto saber seus limites, em que pode ceder e quando deve conceder e perceber o que a outra parte dispõe como concessões possíveis. Deve-se ter em mente um fenômeno importante quando as partes saem satisfeitas de uma negociação: outros conflitos podem a partir daí se tornarem latentes, podendo surgir na sequência, dado que interpretações futuras ou o fato de tangenciarem outros aspectos de conflito que não estiveram priorizados pode torná-los agudos.

Ao lidar com um conflito no sentido de resolvê-lo, alguns passos são fundamentais e podem auxiliar o profissional de pessoas em sua ida a campo. Robbins, Judge e Sobral (2011) citam como fase inicial a preparação e o planejamento, cabendo perguntas sobre a natureza do conflito, o histórico da negociação, quem está envolvido e quais as percepções pessoais sobre o conflito. As possíveis respostas a essas questões iluminam fatos e variáveis em jogo. É importante também perguntar o que se pretende com a negociação e quais as metas pretendidas. Listar metas e resultados, criando uma escala do mínimo aceitável e do mais desejável, ajuda a focar a atenção ao longo da negociação.

Considerar as possíveis metas da outra parte, discernir quanto ela tem firmeza em suas posições, refletir sobre até onde ela pode ir, o que é aceitável e decifrar o que ela quer também faz parte do planejamento. Isso certamente prepara melhor o negociador, tanto no sentido de perceber o caminho que a outra parte pode trilhar como por ajudar a pensar nas argumentações que podem ser utilizadas.

Um outro fator relevante para as tratativas em negociações é o de se perceber que o relacionamento também se mutabiliza como resultado da negociação. Aqui está em jogo novamente o escopo da percepção. Se alguém, em uma negociação, atinge sua meta e percebe ressentimentos da outra parte, é importante buscar esgotar melhor o assunto, sendo sensato ser condescendente. Isso faz com que se valorize o relacionamento. No entanto, se a ação nesse sentido, ao ser condescendente, torna o negociador explorado ou fraco, deve-se pensar se reforçar o estilo com dose maior de assertividade ou agressividade pode alterar essa percepção. Os momentos de distensão, de intervalo, também podem ser úteis para os negociadores. Nesses momentos, informações e dados podem ser revelados, estando direta ou indiretamente vinculados ao que se vai negociar.

O passo sequencial no processo de negociação é a definição de regras. Qual o tempo limite para se obter resultado? Qual o local da negociação? Em situações de impasse, há plano alternativo? Estando a negociação em andamento, são então expostos argumentos, causas e percepções sobre problemas e resoluções. Depois disso, são contempladas as justificativas, que auxiliam a esclarecer, a ampliar e a reforçar as ideias. Isso ajuda a estruturar e a ampliar a visão sobre as razões e demandas das partes.

A negociação em si, como passo sequencial, trata da barganha entre as partes, o debate entre alternativas, na tentativa de se chegar a um acordo. Segue-se, por fim, à conclusão da negociação. É possível que se escrevam os termos do acordo ou se listem questões e soluções acordadas, para haver ciência e formalização do acordo ou solução do conflito. Ao final do processo, é necessário também zelar e mesmo envolver-se nos procedimentos para monitoramento do que se acordou.

Características individuais, como já estudamos neste capítulo, devem ser consideradas nos processos de negociação, como também diferenças culturais. Em um país continental e em um mundo de negócios transnacionais, esses fatores são relevantes por serem parte intrínseca das negociações. Preferências de grupos segundo regiões, crenças e estilos de vida são perceptíveis em organizações que possuem filiais ou unidades de negócios em um mesmo país. É a típica informação que requer considerar o *mindset* das pessoas e de grupos. Nas relações entre unidades de negócio em vários países, isso também é válido, devendo-se, por exemplo, tomar como base uma relação mais agressiva com norte-americanos, mais individualistas; diferentemente de lidar com japoneses, que são menos diretos e mais flexíveis em seu comportamento. Tais nuances culturais, apontadas por Robbins, Judge e Sobral (2011), mostram também estudos de outros povos. Os árabes, mais focados em suas argumentações com sentimentos subjetivos, mantêm-se sempre prontos para concessões, sem valorizarem o prazo final. Os russos já partem de uma visão idealizada, não se veem aptos a fazerem concessões e não têm respeito ao prazo final. Entender esse prisma para superar conflitos também é útil, pensando em suas aplicações para um país continental como é o Brasil.

Ao considerar as posições possíveis entre ganhar e perder uma negociação, há um ponto a ser examinado, reforçando o que se apresenta nessa abordagem integrativa na negociação, e acrescentando alguns pontos. Se uma parte perde e a outra ganha, a expectativa ou decorrência provável é haver ressentimento ou uma expectativa em relação a "descontar" no futuro, por parte de quem "perdeu". A armadilha da parte que ganha é se gabar, não avaliando adequadamente o *day after* da negociação. As partes ganhando, e realmente se vendo satisfeitas com o que obtiveram e reconhecendo o valor do outro e do que conseguiram, materializam o que se tem como o ideal do processo de negociação, o "ganha-ganha". Existe também a situação em que ambos podem perder, gerando outro nível de ressentimento, o da atribuição de culpa ao outro. Formas de lidar com um conflito, como colocar "panos quentes" ou "deixar para depois", mostram que o conflito parece não merecer atenção imediata. Ou ainda, que não se está dando atenção a todo o potencial negativo que um conflito não desejado possui. Isso ocorre pelo fermento de procrastinar ou deixar passar, ou pela contaminação possível de ampliar repercussões, insatisfação e mesmo interferências no clima.

Certamente, quanto maior a experiência em negociação, maior a probabilidade da pessoa gerir melhor os conflitos. Tomar consciência de si mesmo é algo efetivo para lidar com conflitos, apreciando a firmeza e a variabilidade das vontades alheias, mas também a de si próprio. Em um meio permeado por diferentes formas de pensar, quanto maior a flexibilidade de comportamentos e concepções, sem abrir mão da ética, melhor a *performance* e a satisfação para um consultor de pessoas. Frentes atuais de conflitos, como o da sustentabilidade organizacional perante o meio ambiente, mescladas a questões sociais e de interesses de *stakeholders*, tendem a abranger e a ampliar esferas em que a gestão de conflito requer atenção dos consultores em pessoas.

QUESTÕES PARA FIXAÇÃO DO CONTEÚDO

Reflita sobre o conteúdo apresentado no capítulo e responda às seguintes questões:

1. Usando o modelo **estilos pessoais e abordagens em situações de conflito**, faça o seguinte exercício: atribua uma cor diferente para representar cada um dos estilos. Em seguida, encontre em seu trabalho atual ou no mercado profissional pessoas com características que se assemelhem a cada um dos estilos. Desenhe essas pessoas (mesmo que não tenha muita habilidade), e pinte-os com a cor que você escolheu. Volte ao modelo, checando o que você fez. Isso ajudará você a fixar bem essa tipologia. Você pode, em seguida, refletir se as formas de abordagem para cada um deles são mais ou menos pertinentes e o que você ainda poderia acrescentar.
2. Considere uma situação profissional em que você se viu tendo de negociar algo relevante para a organização e encontrou resistência da outra parte envolvida. Quais os passos a considerar no planejamento de uma negociação "ganha-ganha"? **Esse planejamento teria trazido benefícios na negociação vivida?**

REFERÊNCIAS

BOSSIDY, L; CHARAN, R. **Execução:** a disciplina para atingir resultados. São Paulo: Campus, 2010.

BOWDITCH, J. L.; BUONO, A. F. **Fundamentos de comportamento organizacional**. Rio de Janeiro: LTC, 2006.

FIGUEIREDO, L. J. L. **A gestão de conflitos numa organização e consequente satisfação dos colaboradores.** 206 f. Dissertação de mestrado. Universidade Católica Portuguesa: Viseu, 2012.

GIL, A. C. **Gestão de pessoas:** enfoque nos papéis profissionais. São Paulo: Atlas, 2001.

JONES, G. e GEORGE, J. **Administração contemporânea**. São Paulo: McGraw-Hill, 2008.

LEWICKI, R. L.; SAUNDERS, D. M.; MINTON, J. W. **Fundamentos da negociação**. Porto Alegre: Bookman, 2002.

PARIKH. J. **Administrando relacionamentos**. São Paulo: Cultrix, 1999.

PINEL, D. V. N. **Comportamento gerencial, neurose e tomada de decisão**. 223 f. Dissertação de mestrado. FGV/EBAP: Rio de Janeiro, 1996.

ROBBINS, S. P. **Managing organizational conflict:** a nontraditional approach. New Jersey: Prentice Hall, 1974.

ROBBINS, S. P.; JUDGE, T. A.; SOBRAL, F. **Comportamento organizacional:** teoria e prática no contexto brasileiro. São Paulo: Pearson, 2011.

SENGE, P. **Presença:** propósito humano e campo do futuro. São Paulo, Cultrix: 2014.

SHARMER, O. **Teoria U:** como liderar pela percepção do futuro emergente. Rio de Janeiro: Campus, 2010.

ULRICH, D. **Recursos humanos estratégicos**. São Paulo: Futura, 2000.

7. Um bom clima organizacional melhora os resultados da empresa. Mito ou verdade?

Maria Inês Vicente Ferreira Pastori*

O clima organizacional é a percepção dos funcionários sobre as práticas que são realizadas na empresa. Normalmente, abarcam percepções sobre gestão de pessoas, ambientes físicos, confiança na instituição, disseminação de informações, processos de recompensa, entre outros indicadores.

Luz (1995) define clima organizacional como o resultado do estado de espírito ou de ânimo das pessoas que predomina em um ambiente organizacional em um determinado período. O clima é afetado por conflitos, situações positivas e negativas que ocorrem no ambiente de trabalho e também por fatores externos (contexto socioeconômico e político). Os acontecimentos internos, contudo, são aqueles que mais impactam o clima.

Muito além do que as regras estabelecidas, o clima organizacional mede a prática desses rituais organizacionais. Não existem padrões de características para afirmar que o clima organizacional é bom. Esse fator está diretamente ligado à cultura da empresa e às expectativas que são geradas nos funcionários sobre sua forma de agir.

Uma vez que o clima da empresa está diretamente ligado à percepção dos funcionários sobre as práticas organizacionais, precisamos ponderar que existem

* Graduada em administração de empresas pela Universidade Presbiteriana Mackenzie, com especialização em gestão de recursos humanos pela Fundação Getulio Vargas (FGV). Possui mais de treze anos na área de recursos humanos, com foco nos temas de desenvolvimento organizacional, consultoria interna, atração e seleção de talentos, educação corporativa, gestão de clima e cultura organizacional, principalmente no mercado financeiro. Atualmente, é responsável pela área de recursos humanos de uma instituição financeira de médio porte. Contato: mivsilva@gmail.com.

diversas gerações dentro de uma única empresa e, com elas, diversas formas de olhar a relação empregado-empregador e suas expectativas. As gerações que hoje fazem parte do mercado de trabalho são:

Geração X (nascidos de 1960 ao início dos anos 1980): são pessoas que buscam sua individualidade sem perder a convivência em grupo. Suas escolhas baseiam-se em qualidade e inteligência, e procuram constante liberdade.

Geração Y (nascidos no fim dos anos 1970 ao início dos anos 1990): buscam a liberdade e a inovação constantemente. Se desenvolveram em um ambiente altamente tecnológico e cresceram rodeados de facilidades.

Geração Z (nascidos entre 1992 e 2010): estão ligados intimamente à expansão exponencial da internet e tecnologias. São pessoas "nativas digitais", que desde pequenas já são familiarizadas com todas as possibilidades à mão. Informação não lhes falta e, com ela, sobram opiniões e questionamentos sobre vida pessoal e profissional.

Essas gerações trabalhando juntas promovem um ambiente diverso e em constante transformação, fazendo com que o bom clima organizacional seja uma busca constante e desafiadora dentro da empresa.

Nas organizações, os gestores possuem papéis de extrema relevância na formação do clima organizacional. Vamos conhecer alguns deles a seguir.

7.1 O PAPEL DA ALTA ADMINISTRAÇÃO

Os altos executivos da empresa possuem um papel muito importante na organização como formadores de opinião, pois são tidos como exemplo para a liderança e para os liderados. Toda vez que um executivo se pronuncia, que ele tem uma determinada atitude ou comportamento, demonstra para a organização que esse é o padrão esperado pela alta administração.

Para que as pessoas da empresa possam se sentir engajadas em realizar ações para manter um bom clima organizacional, os executivos da empresa precisam falar sobre o tema e demonstrar real interesse pela condução de ações que possam proporcionar um bom ambiente de trabalho.

A opinião dos funcionários sobre o clima organizacional está diretamente ligada às expectativas que são geradas por eles a partir da comunicação da alta liderança da empresa e dos demais gestores.

Muitas vezes, dependendo da estrutura da empresa e do seu modelo de gestão, o que é dito pelo executivo é menos percebido do que o que ele faz. Portanto, é importante existir total alinhamento entre o que se diz e o que se faz.

7.2 O PAPEL DOS GESTORES

O gestor, para seus liderados, é a pessoa que demonstra, diariamente, o que precisa ser feito para que as entregas sejam realizadas com alinhamento às práticas da organização. Ele é a pessoa que exemplifica para os funcionários o que as políticas da empresa querem dizer na prática.

Oliveira (2010) resume que "a qualidade mais importante em um líder de equipe seja, hoje, sua capacidade de inspirar confiança em seus colaboradores e de promover o relacionamento sincero e confiável entre os membros da equipe".

Para que isso aconteça, o gestor precisa saber como o clima está sendo percebido pelos integrantes de sua equipe e também quais os fatores motivacionais de cada um dos seus liderados, para que os mesmos estejam satisfeitos com o trabalho realizado e também com a organização.

Levando-se em consideração a existência de diversos perfis profissionais nas equipes, o gestor não deve utilizar uma única forma para engajar e motivar seu time. As atitudes devem ser personalizadas de acordo com a pessoa envolvida, mas sempre alinhadas às diretrizes da organização.

7.3 COMO MEDIMOS O CLIMA NAS ORGANIZAÇÕES?

A forma mais clássica de medir o clima organizacional é feita pela aplicação de pesquisas, que podem ser realizadas por meio eletrônico ou presencial, colhendo dados quantitativos e/ou qualitativos. Sua aplicação deve respeitar uma periodicidade estabelecida para que os resultados de cada edição possam ser comparáveis e a evolução ou involução do clima organizacional possa ser identificada.

Para que a pesquisa seja efetiva, é fundamental que haja alinhamento entre as perguntas que serão realizadas com os pilares da empresa para o bom clima organizacional.

Luz (2003) resume como principais indicadores:

Quadro 1. **Indicadores do clima organizacional**

Rotatividade de pessoal/*turnover*	Quando elevada, pode indicar falta de comprometimento das pessoas com a empresa.
Absenteísmo (faltas)	Quando elevado, pode indicar falta de comprometimento com a empresa.
Programas de sugestões	Se malsucedidos, podem indicar falta de interesse e comprometimento.
Avaliação de desempenho	Desempenho ruim pode indicar que o clima também está ruim.
Conflitos interpessoais e interdepartamentais	Forma mais visível do clima. Se houver muitos conflitos entre pessoas ou departamentos, suscita um ponto de atenção.
Desperdícios de material	Uma das formas de reação contra a empresa é o desperdício de material, seu consumo exagerado e quebras frequentes de equipamentos e instalações.

Fonte: Ferreira e Ramal, 2013.

A pesquisa pode ser aplicada interna ou externamente. A seguir, conheça um pouco mais sobre cada um desses modelos.

Aplicação interna: a primeira vantagem que esse modelo de aplicação proporciona à empresa é o seu baixo custo para realização. A aplicação pode ser realizada pela área de recursos humanos, pelos consultores internos ou até mesmo pelo gestor da equipe. Porém, para que o resultado seja fidedigno, é necessário proporcionar aos funcionários total segurança de que está sendo resguardado sigilo sobre as respostas e que não haverá consequências positivas ou negativas para as pessoas que participarem da pesquisa.

Se esse ambiente de confiança não for estabelecido, é grande a possibilidade de que os resultados gerados a partir da pesquisa não retratem a realidade da empresa.

Aplicação externa: quando realizada em parceria com uma empresa especializada e independente, o processo de medição pode transmitir aos funcionários maior segurança e os resultados, por consequência, podem refletir melhor a realidade da organização.

Atualmente, existem diversas empresas especializadas nesse tema e a utilização de seus serviços poderá proporcionar uma base comparativa sobre as práticas organizacionais.

Nos dois modelos de aplicação, a pesquisa pode ser realizada em diferentes formatos. Ferreira e Ramal (2013) destacam três técnicas principais de pesquisa de clima organizacional: o questionário, a entrevista e o painel de debates. Confira abaixo as principais características de cada um:

Quadro 2. **Principais características das técnicas de pesquisa de clima organizacional**

QUESTIONÁRIO	ENTREVISTA	PAINEL DE DEBATES
• Permite aplicação maciça, mesmo com dispersão geográfica dos respondentes. • Custo relativamente baixo. • É bem-aceito pelos respondentes. • Podem ser feitas questões abertas ou fechadas. • Permite a inclusão de perguntas cruzadas. • Exige clareza do vocabulário usado. • Deve ser testado e validado antecipadamente. • Permite o sigilo e o anonimato dos respondentes. • Possibilita a aplicação eletrônica das perguntas. • Não exige espaço físico (local) apropriado para a obtenção das respostas.	• Quebra o anonimato da pesquisa. • Método mais demorado e caro do que o questionário. • Exige pessoas tecnicamente habilitadas para a condução das entrevistas. • Obtém respostas verbais e não verbais. • Aplicada normalmente em uma amostra da população. • Técnica mais subjetiva que o questionário.	• Tipo especial de entrevista, com um entrevistador e vários entrevistados. • Mais econômico e menos demorado do que a entrevista. • Permite a discussão dos assuntos, considerando diversos pontos de vista. • Quebra o anonimato da pesquisa. • Necessita de espaço físico adequado para a realização de entrevistas com grupos de funcionários. • Aplicado normalmente em uma amostra da população. • Técnica mais subjetiva do que o questionário.

Fonte: Ferreira e Ramal, 2013.

7.3.1 Como trabalhar os resultados apontados na pesquisa?

Seja qual for a metodologia de aplicação, com o resultado da pesquisa é possível definir e planejar as ações necessárias para a manutenção ou melhoria do clima organizacional.

Uma vez que a organização tomar conhecimento sobre os resultados da pesquisa, é recomendada a realização de encontros com os funcionários para apresentar os resultados obtidos e combinar quais ações serão realizadas a partir desse momento na empresa.

Uma prática comum nas organizações é a realização de grupos focais com os próprios funcionários para obter melhor entendimento sobre os resultados gerados e também para a proposição de novas práticas organizacionais, que irão aumentar a satisfação com o clima organizacional.

Nesses grupos, normalmente formados por dez a quinze funcionários (da mesma área ou de áreas diferentes), são apresentados os resultados da pesquisa para que se possa promover uma discussão sobre quais são as práticas realizadas que suportam o bom clima organizacional na empresa e quais práticas devem ser alteradas. Esse processo proporciona protagonismo nos funcionários para a proposição de ações que objetivam a melhoria da organização.

O resultado gerado nessas reuniões deve ser levado ao conhecimento da hierarquia necessária para que sejam analisados e aprovados. Uma vez feito esse processo, deve existir uma ampla comunicação na empresa sobre as novas ações que serão realizadas. Se nada for feito com os resultados apresentados, os funcionários poderão ficar desmotivados, pois foram criadas novas expectativas, que não foram trabalhadas.

7.4 QUAL É O PAPEL DO CONSULTOR INTERNO NA MELHORIA DO CLIMA ORGANIZACIONAL?

O consultor interno é uma peça muito estratégica no processo de diagnóstico e acompanhamento de melhorias no clima organizacional. Normalmente, ele é o agente que detém a confiança de grande parte dos funcionários para que conversas francas sejam realizadas, apontando necessidades de aprimoramento da empresa e do processo de gestão de pessoas.

Ele simboliza e atua como elo entre a alta liderança, líderes e funcionários, uma vez que tem a oportunidade de interagir com esses três públicos de forma isenta, proporcionando o conhecimento sobre as situações que, no dia a dia, não são percebidas por esses grupos.

Para o processo de melhora de clima organizacional, o consultor interno pode atuar na mediação de reuniões, tanto para identificar as sugestões apontadas pelos funcionários, como para atuar como guardião institucional das práticas de gestão de pessoas. Seu papel também pode se expandir, atuando como um agente influenciador da alta liderança sobre a importância da implantação de possíveis melhorias apontadas na pesquisa de clima.

Ser consultor interno significa ser um influenciador estratégico da organização, oferecendo o *coaching* necessário aos líderes (de alta ou média liderança), para que os pilares que sustentam um bom clima organizacional estejam presentes e sejam percebidos por toda a organização. Ser o "guardião" desse tema, em parceria com os líderes, poderá trazer ganhos significativos na implementação de melhorias organizacionais.

QUESTÕES PARA FIXAÇÃO DO CONTEÚDO

Reflita sobre o conteúdo apresentado no capítulo e responda às seguintes questões:

1. Como o clima organizacional é formado numa organização?
2. Como realizar um processo efetivo de medição do clima organizacional?

REFERÊNCIAS

FERREIRA, P. I.; RAMAL, A. **Clima organizacional e qualidade de vida no trabalho**. Série MBA Gestão de Pessoas. São Paulo: GEN, 2013.

LUZ, R. S. **Clima organizacional.** Rio de Janeiro: Qualitymark, 1995.

________. **Gestão de clima organizacional.** Rio de Janeiro: Qualitymark, 2003.

OLIVEIRA, M. A. **Comportamento organizacional para gestão de pessoas**. São Paulo: Saraiva, 2010.

8. Desenvolvimento de pessoas e colaboração: como o *design thinking* pode apoiar a estratégia de recursos humanos

Norberto Pereira de Sousa*

8.1 RECURSOS HUMANOS E *DESIGN THINKING*

A experiência do colaborador já é uma pauta constante nas organizações. Hoje, temos diversas plataformas digitais cujo *core business* está no levantamento de informações prestadas por funcionários sobre práticas de recursos humanos: remuneração, percepção do clima, meritocracia, cultura, processo seletivo, carreira, etc. Essas plataformas apresentam comparativos entre empresas de diversos setores e todos os dados estão disponíveis para quem quiser acessar, contribuindo na tomada de decisão em uma mudança de emprego, por exemplo. Considerando esse cenário cada vez mais competitivo, como trabalhar com foco na experiência do colaborador e, consequentemente, na retenção de talentos de forma estruturada e inovadora?

A área de recursos humanos tem o desafio de se aproximar das pessoas e de gerar valor ao empregado. Os projetos das áreas de desenvolvimento organizacional, cultura e clima são exemplos possíveis para a aplicação do *design thinking*:

* Graduado em jornalismo pela Universidade Anhembi Morumbi de São Paulo, e pós-graduado em gestão de negócios pela Fundação Dom Cabral (FDC). Possui mais de dez anos de experiência na área de educação corporativa e desenvolvimento organizacional. Contato: norbertopere@gmail.com.

nas devolutivas de clima, é possível realizar oficinas de cocriação para trabalhar os itens com menor favorabilidade e criar planos de ação de forma multidisciplinar, garantindo que os assuntos sejam analisados sob diferentes perspectivas.

Nos projetos de cultura, é possível promover um *brainstorm* para o levantamento de temas e priorizá-los, garantindo o mapeamento de todos os *stakeholders* e o planejamento dos projetos, com direcionadores claros e as principais perguntas respondidas: O quê? Por quê? Como? Quando? Onde? Quanto? Quem?

Para o trabalho de desenvolvimento dos times, também é possível aplicar essa metodologia como forma de entender melhor o perfil dos colaboradores, suas rotinas, detalhar processos, serviços, produtos da empresa e promover um ambiente inclusivo e participativo.

O *design thinking* permite levantar as necessidades de treinamento das organizações de uma maneira diferenciada, a partir da utilização de grupos focais multidisciplinares que incluam gestores e não gestores. A partir de uma ação como essa, será possível identificar:

» o perfil dos profissionais;
» os assuntos relevantes de autodesenvolvimento;
» os temas técnicos e importantes para o negócio;
» as metodologias (*on-line*, presencial, *blended*, artigo, etc.);
» os responsáveis pelos conteúdos;
» os responsáveis pela aplicação (consultoria ou multiplicador interno);
» os objetivos de cada ação;
» a carga horária;
» se haverá conteúdo preparatório;
» principalmente, uma melhor forma de priorizar as ações numa linha do tempo (cronograma) e orçamento disponível.

Essas informações permitirão criar um mapa formativo de forma simples e colaborativa, além de garantir o alinhamento com o negócio e a geração de valor para as pessoas.

A utilização desse processo de criação não é restrito apenas para corporações, já existem estudos de *design thinking* aplicado à vida e à carreira das pessoas, por exemplo. É um movimento chamado *life design*, que utiliza os princípios do *design thinking* para o planejamento de carreira, atrelada ao seu estilo de vida. Para tratar desse tema, temos de entender que as relações de trabalho se modificaram muito nos últimos anos: novos meios de processo produtivo, flexibilização da forma de trabalho, tecnologia substituindo a mão de obra humana, etc. Com toda essa movimentação, é comum refletir sobre como se manter atualizado e ter satisfação na vida e no trabalho. Esse é o campo de trabalho do *life design*, que visa alinhar sua carreira e sua vida com seus propósitos, proporcionando sentido, satisfação e impacto no que se faz. Assim, coloca sua própria existência no centro de toda a geração de soluções possíveis.

O *design thinking* é um método prático, criativo e colaborativo, que pode ser utilizado para criar, analisar ou recriar qualquer coisa, sendo tangível ou intangível, dentro ou fora das empresas, para o profissional ou pessoal.

8.2 *Design thinking* - pensando como um *designer*

Post-its, post-its, post-its e mais *post-its*. Toda vez que pensamos em *design thinking*, logo nos vem à mente a imagem dos *post-its*, mas como eles podem nos ajudar? O que seria esse pensamento do *designer*? Por que seria tão diferente da nossa maneira de pensar? Como pode ser aplicado na prática? Como se encaixa nos desafios das empresas? Como utilizar essas práticas em recursos humanos?

O termo se difundiu muito com o livro *Design thinking*, de Tim Brown, que trouxe uma reflexão sobre como as organizações estavam conduzindo a geração de ideias, propondo uma técnica criativa para suprir as necessidades dos clientes, gerando soluções inovadoras para negócios e pessoas.

Muitas vezes, relacionamos o termo *design* a aparência, estética e *layouts*, mas o que chama atenção é a forma de pensar dos *designers*, seu caminho para a resolução de problemas, a partir de uma abordagem centrada no ser humano, possibilitando a inovação e a solução de problemas complexos de forma simples. Essa forma de pensar não é linear, e proporciona aprendizados e interações diferentes em cada fase do processo.

O erro também é parte fundamental, pois ele garante maior entendimento e leitura de cenário e, como na vida, são grandes professores. O importante é: errar, aprender e ajustar a rota rapidamente: o famoso *fail fast* ou, em português, falhe rapidamente. Esse conceito apareceu no livro *A startup enxuta*, de Eric Ries, que também aborda essa metodologia.

O *design thinking* propõe uma nova maneira de pensar, pautada em três grandes valores: **empatia, colaboração** e **experimentação**.

Empatia

- Colocar-se no lugar do outro, despir-se de pressupostos e compreender o contexto e as ações do outro, acolher, assimilar e acomodar perspectivas alheias.

Colaboração

- Pensar conjuntamente, cocriar em equipes multidisciplinares para que nosso pensamento e nossa capacidade de entendimento se multipliquem exponencialmente.

Experimentação

- Sair do campo das ideias, da fala. Construir e testar soluções para evitar problemas na fase de implementação.

Fonte: Echos (2016).

De acordo com Jeanne Liedtka (2015, p.12), "[...] o *design* tem tudo a ver com ação, e os negócios muitas vezes empacam na etapa do discurso." Ela apresenta um comparativo de seis itens entre o modelo mental de negócios *versus* o do *design*:

Quadro 1. **Modelo mental de negócios × modelo mental do design**

CRITÉRIOS	NEGÓCIOS	*DESIGN*
Premissas básicas	Racionalidade, objetividade; realidade fixa e quantificável.	Experiência subjetiva; realidade como construção social.
Métodos	Análise voltada para provar a "melhor" resposta.	Experimentação voltada para a repetição, em busca de uma resposta "melhor".
Processo	Planejamento.	Execução.
Motores decisórios	Lógica; modelos numéricos.	*Insight* emocional; modelos experimentais.
Valores	Busca controle e estabilidade; desconforto com a incerteza.	Busca originalidade; Aversão ao *status quo*.
Níveis de foco	Abstrato ou particular.	Movimento repetitivo.

Fonte: Liedtka (2015, p. 12).

Essas são as diferenças claras desses modelos: enquanto um se utiliza da lógica, da quantificação e da objetividade, o outro está ligado ao coletivo: as decisões levam em consideração as emoções e a experiência, entendendo a objetividade como algo totalmente abstrato.

8.2.1 Como o *design thinking* funciona na prática?

O processo está dividido em algumas etapas:

Imersão ou descoberta

Tudo se inicia com um desafio que precisa ser proposto. É necessário descobrir sobre o que se quer trabalhar e realizar uma busca por hipóteses de por que acontece, quem são os impactados ou envolvidos, quais os efeitos, cenários, etc. Nesse momento, nos aproximamos do contexto do problema, do negócio e, principalmente, das pessoas. Aqui precisamos refletir sobre a realidade presente e exercitar a criatividade para imaginar um novo futuro. São esses os elementos que nortearão o processo, que não devem ser inflexíveis a ponto de restringir uma retroalimentação. Também é nessa fase que devemos definir quais serão os indicadores de eficácia da solução que será proposta.

Perguntas que podem apoiar essa fase

» O quê? Para quê? Quem? Como?

» Quem são nossos clientes?

» Quais são os envolvidos? (clientes, fornecedores, empresas, público interno, etc.)

» Por quê? Por quê? E por quê?

» Qual o problema que pretendemos resolver? Qual o foco?

» O que pode comprovar uma melhora? Como saber se esse processo está funcionando? Como medir a eficácia/satisfação?

Podemos também explorar o mapa de empatia ou *persona*, que é um *canvas* visual para ajudar a entender o cliente final/usuário, quais são suas motivações, suas necessidades, o que valoriza, quais são suas dores, etc. Esse mapa ajuda a aguçar sua percepção sobre uma outra pessoa, estilo de vida, prioridades e novos conhecimentos, levando a um processo de entendimento mais profundo do perfil escolhido. Para esse exercício, o grupo poderá desenhar quem será a *persona*: homem ou mulher? Usa óculos? Tem filhos? O que faz no momento de lazer? Também pode-se utilizar um quadro-padrão (como o da figura a seguir), para colar *post-its* com essas informações. O objetivo é detalhar o máximo possível. Para aquecer o grupo, um exercício antes pode ajudar: realizar o mapeamento de uma personagem famosa, um ator ou uma atriz, um político, um cantor ou uma cantora, por exemplo. Isso ajudará as pessoas a entenderem o que precisam levantar em termos de informação, de forma divertida e descontraída.

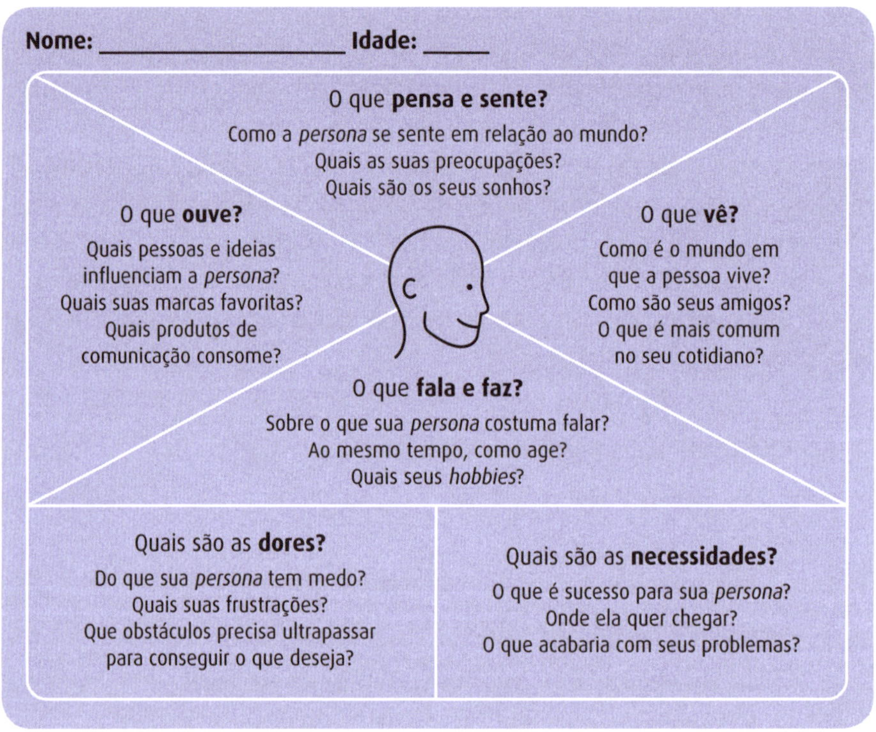

Figura 1. **Mapa da empatia**

Fonte: Custódio (2017).

O mapa da empatia é uma ferramenta poderosa para dar foco ao trabalho e apoiar um processo centrado no cliente (*customer centricity*), podendo ser utilizado para apoiar a próxima etapa, que será a de ideação.

Ideação

Esta fase tem como principal objetivo gerar ideias inovadoras para o problema ou desafio escolhido. Com base nas informações coletadas na etapa anterior, podemos iniciar um *brainstorm* para explorar soluções para as questões e levantar o máximo de ideias, considerando um tempo preestabelecido. Aqui podemos contar com o apoio de um *flipchart* ou uma parede, para que os *post-its* sejam colados e, assim, manter o processo visual e estimular a criação do grupo.

É muito importante deixar o grupo livre nessa etapa, sem julgamentos e críticas. Esse deve ser o momento de apoiar ideias malucas e construir com as ideias uns dos outros. Quem está conduzindo deve tentar manter o foco da discussão. Um recurso que pode ajudar é separar outro *flipchart* para colar questões que devem ser endereçadas posteriormente, um local para colocar temas que são relevantes, mas devem ser tratados em outro momento. Após toda essa chuva de ideias (*brainstorm*), é hora de iniciar uma discussão com o grupo para entender quais *post-its* estão convergindo para as mesmas ideias e, assim, agrupá-los. Com o agrupamento finalizado, será possível seguir para a priorização dos temas, que serão tratados na fase de experimentação/prototipagem. A priorização tem o objetivo de levar o mais relevante para a próxima etapa e discutir com o grupo se o que está exposto realmente irá apoiar ou resolver os desafios definidos.

Perguntas que podem apoiar essa fase:

» Como fazer melhor ou diferente?

» Como otimizar esse processo ou produto?

» Como podemos melhorar nossa percepção junto ao cliente?

» O que poderia ser criado a partir dessa necessidade/problema/ desafio?

» Quais possíveis soluções poderiam fazer diferença nesse cenário?

» Quais desses *post-its* estão tratando do mesmo tema?

» O que é possível agrupar?

» De acordo com a necessidade e as informações que levantamos, qual ou quais dessas ideias serão priorizadas? O que tem maior urgência?

Experimentação ou prototipagem

Chegou a hora de criar, de pôr as ideias em prática! Esta é a etapa para os participantes colocarem a mão na massa e desenvolverem protótipos, maquetes, desenhos, textos, esquemas, fluxos, etc. Tudo que possa tornar mais tangíveis as ideias que foram discutidas e até aperfeiçoar detalhes ainda não encontrados.

Os protótipos apoiam a discussão e a comunicação dos envolvidos, sendo ferramentas importantes para fazer o grupo refletir sobre a real utilização, a experiência das pessoas com a solução proposta e realizar os ajustes necessários, podendo aperfeiçoar ou até migrar para outra ideia. Aqui o erro é permitido e faz parte do processo, pois poderá ampliar a visão, a percepção e o contexto em que está inserido.

Os resultados dos protótipos devem ser analisados e o ciclo pode se repetir várias vezes até chegar a uma solução final, adequada às necessidades do usuário/cliente/*persona*, e interessante para o negócio da empresa. Quanto maior o número de testes, maior o aprendizado e maior a possibilidade de sucesso da solução. (Brown, 2010, p. 64)

Dicas:

» Para o momento da prototipação, tenha sempre materiais que possam ser utilizados para construir os protótipos, como papéis, canetas, canetinhas, tesouras, cartolinas, papelão, fitas adesivas, barbantes, *post-its* e materiais recicláveis, como garrafas PET, caixas, etc.

» Ser simples e trabalhar de forma visual, utilizando cores diferentes, desenhando, utilizando esquemas e bonecos para explorar a ideia.

» Expressar-se por meio de metáforas e analogias poderá auxiliá-lo na sua comunicação com os outros.

» Sempre se coloque no lugar do cliente e tente avaliar a vulnerabilidade do que está sendo proposto.

Após essa etapa de prototipação, o projeto poderá ser testado. Esse teste deverá ser realizado com um percentual do público-alvo mapeado e tem como objetivo validar a proposta e explorar melhor a solução desenvolvida por esse processo.

Há uma infinidade de projetos que poderão fazer uso dessa metodologia, podendo ser ligados a produtos, serviços ou até mesmo processos externos e internos. Hoje já existem várias empresas utilizando o *design thinking* para apoiar a geração de ideias e a implementação mais ágil de seus projetos, sendo possível realizar uma oficina com essa metodologia em poucas horas e já sair com um plano tático de execução.

A seguir, alguns exemplos de projetos prototipados em empresas com essa metodologia:

» desenvolvimento de sites;

» criação de apps;

» novos produtos ou serviços;

» novas funcionalidades de um produto ou serviço;

» desenvolvimento de sistemas internos;

» revisão de processos ou serviços ao cliente, etc.

QUESTÕES PARA FIXAÇÃO DE CONTEÚDO

Reflita sobre o conteúdo apresentado no capítulo e responda às seguintes questões:

1. Descreva como conduzir um projeto de gestão de clima, considerando os conceitos do *design thinking* e o colaborador no centro das ações.
2. Como realizar um levantamento de temas relacionados à cultura, mapeando os *stakeholders*, os temas priorizados e o plano de execução, aplicando o *design thinking*?

REFERÊNCIAS

BROWN, T. **Design thinking:** uma metodologia poderosa para decretar o fim das velhas ideias. Rio de Janeiro: Elsevier, 2010.

CUSTÓDIO, M. Mapa da empatia: o que é e 6 passos para criar um de qualidade. **Blog marketing digital de resultados**. 19 set. 2017. Disponível em: <https://resultadosdigitais.com.br/blog/mapa-da-empatia/>. Acesso em: 10 jul. 2018.

ECHOS; ESCOLA DESIGN THINKING. **Mini toolkit design thinking**. 2016. Disponível em: <https://rdstation-static.s3.amazonaws.com/cms%2Ffiles%2F10183%2F1457986946IDT_minitoolkit_2016.pdf?utm_campaign=ebk_dt_-_e1&utm_medium=email&utm_source=RD+Station>. Acesso em: 11 jul. 2018.

LIEDTKA, J.; OGILVIE, T. **A magia do design thinking:** um kit de ferramentas para o crescimento rápido de sua empresa. Trad. Bruno Alexander. São Paulo: HSM, 2015.

RIES, E. **A startup enxuta:** como os empreendedores atuais utilizam a inovação contínua para criar empresas extremamente bem-sucedidas. Trad. Carlos Szlak. São Paulo: Leya, 2012.

VIANNA, M. *et al.* **Design thinking:** inovação em negócios. Rio de Janeiro, 2012.

9. Como estruturar um projeto de *assessment*: mapeamento de perfil

Vanessa Hisaoka*

Um dos grandes desafios da área de recursos humanos é contribuir de forma estratégica para o negócio por meio do desenvolvimento das pessoas. Com foco nesse papel, explicaremos neste capítulo como a estruturação de um projeto de *assessment* pode apoiar no direcionamento do profissional dentro da organização, suscitando maior satisfação dos profissionais e ampliando o potencial de contribuição para gerar maiores resultados.

Além disso, identificar talentos e potenciais para assumir desafios de maior complexidade tem favorecido a continuidade do negócio, na medida em que apoia a construção de um plano sucessório e direciona o desenvolvimento desses profissionais.

Sabemos que, no momento atual, caracterizado por um crescimento exponencial e com a tecnologia criando um cenário de diversas oportunidades, nem sempre os profissionais estão preparados para assumir novos desafios. Apoiá-los nessa busca por novas habilidades e competências tem sido um grande desafio para as organizações.

> Mudanças no mundo e nas organizações estão na ordem do dia e implicam muitas movimentações de carreira. Movimentos laterais (*job rotation*), expatriação, ascensão rápida e novas áreas de atuação são normais na vida profissional de qualquer executivo e, muitas vezes, também estão presentes para analistas e

* Graduada em psicologia pela Universidade Presbiteriana Mackenzie e pós-graduada em gestão estratégica de pessoas pela FIA. Possui experiência de dezenove anos na área de recursos humanos em instituições financeiras, com atuação nas áreas de atração e seleção, gestão de desempenho, talento e sucessão e clima organizacional. Há sete anos atua como generalista de recursos humanos. Contato: vanessa.hisaoka@hotmail.com.

> outros técnicos. Não raro, essas mudanças implicam em novas habilidades ou até mesmo um novo perfil de competências. (ARAUJO, 2011, p.11)

O *assessment* é um processo estruturado que permite mapear conhecimentos e habilidades dos profissionais avaliados, além de auxiliar no autoconhecimento e aperfeiçoamento de comportamentos específicos. O envolvimento com a estratégia da empresa e o conhecimento do cenário atual possibilitam ao profissional de recursos humanos identificar se a aplicação do *assessment* pode contribuir para as necessidades identificadas.

O *assessment* pode contribuir para:

1. Identificar se o profissional está alinhado às necessidades de sua posição e quais são seus *gaps* de desenvolvimento para atingir o nível esperado.
2. Verificar qual profissional está mais bem preparado e demonstra maior condição para se desenvolver e assumir uma atividade de maior complexidade, a fim de direcionar sua carreira ou até mesmo para ocupar uma posição já identificada num processo de recrutamento interno.
3. Apoiar o gestor no gerenciamento da equipe, com a construção do mapa de desenvolvimento do time, trazendo o perfil e o estágio de desenvolvimento de cada profissional.
4. Identificar talentos e apoiar na construção do plano de sucessão da área, direcionando ações de desenvolvimento que preparem esses profissionais para assumir novos desafios.
5. Desenvolver líderes, identificando *gaps* de gestão e apoiando na construção de um programa de liderança alinhado à cultura da organização.

Para compor a estrutura do *assessment*, temos uma série de técnicas que podem ser combinadas nesse processo, como aplicação de testes, dinâmicas em grupo, simulações e entrevistas. Algumas ferramentas disponíveis no mercado para mapeamento de perfil profissional são baseadas em questionários estruturados, os quais são respondidos pelos profissionais que serão avaliados de acordo com suas percepções, seus valores e suas prioridades, como as que são mencionadas a seguir:

» **DISC:** A metodologia é usada para examinar o comportamento das pessoas em um contexto específico. A avaliação classifica quatro aspectos de comportamento, testando a preferência dos avaliados por palavras em cada etapa. O termo DISC apresenta o seguinte significado: Dominância, Influência, Steadiness (Estabilidade) e Conformidade.

» **MBTI:** Instrumento de Identificação de Características Pessoais, com base nos tipos psicológicos de Carl G. Jung. O MBTI identifica as pessoas em um dos dezesseis tipos psicológicos, cada um com suas características, forças e fraquezas, o que possibilita maior entendimento da personalidade e comportamento das atitudes das pessoas.

» **PI:** Predictive Index é uma ferramenta de autoavaliação que indica os comportamentos mais fortes de uma pessoa.

Essas ferramentas nos permitem identificar as motivações, as necessidades e os estilos dos profissionais. São importantes para serem adicionadas às demais etapas do processo, complementando a análise e a compreensão das percepções obtidas nas entrevistas e demais ferramentas utilizadas.

Estudos de caso que retratem situações cotidianas, para que os profissionais demonstrem suas habilidades, também podem complementar o processo de avaliação ou até mesmo a técnica de *role play*, na qual você propõe a vivência de uma situação específica, muitas vezes pouco experimentada pelo profissional avaliado, e observa como ele se comporta diante dos desafios propostos.

A entrevista por competência é uma das principais ferramentas do *assessment*, pois é nesse momento que você vai ter a oportunidade de entender melhor as motivações desse profissional, ter uma real compreensão da sua história e de como exerce suas relações, ou seja, poderá ter uma percepção mais consistente do profissional com base nos fatos observados.

O entrevistador deve saber provocar o profissional para que traga exemplos de ações e atitudes que comprovem suas percepções, evitando assim o risco de prejulgamento por parte do entrevistador.

9.1 ETAPAS PARA CONSTRUÇÃO DO *ASSESSMENT*

A aplicação do *assessment* envolve as etapas a seguir fundamentais para o sucesso dessa ferramenta.

9.1.1 Objetivo do mapeamento de perfil e resultados esperados

Uma vez que os objetivos para a aplicação do mapeamento tenham sido identificados é preciso detalhar os resultados esperados, a fim de garantir o sucesso de todo o investimento que será realizado, não apenas em ferramentas, mas no envolvimento de cada participante.

Para apoiar esse detalhamento, é fundamental que o gestor da área, na qual o mapeamento será realizado, seja envolvido e entenda a complexidade do processo, para que possa atender às necessidades que surgirem. Nesse momento, deve-se validar o público que será envolvido no processo e definir as habilidades e competências que serão avaliadas. O papel do RH é apoiar o gestor na identificação dessas habilidades e competências, considerando os desafios que a área tem para atingir a estratégia desenhada.

Pode ser que o esperado como habilidade e competência para determinada posição nesse processo seja diferente do que o esperado para a mesma posição até o momento atual. Nesse caso, é importante incluir, no processo de mapeamento, ferramentas que ajudem a identificar quanto o profissional avaliado está distante das novas habilidades exigidas e quais são as suas características observáveis que podem sinalizar se ele apresenta potencial para desenvolvê-las em determinado espaço de tempo, bem como quais situações ele já vivenciou e como enfrentou os diferentes desafios, indicando que facilidade tem para desenvolver novas habilidades.

9.1.2 Estruturação do processo e identificação de ferramentas

Com base nos objetivos, no público-alvo e no tempo que deverá ser despendido para a realização desse processo, é importante desenhar todas as etapas e preparar o uso das ferramentas. A estruturação inicial garantirá a execução de todas as etapas e o dimensionamento do tempo, conforme demonstra o quadro 1.

Quadro 1. **Estruturação do processo**

Etapas	Ação	Envolvidos
Comunicação	*Kick off* com os envolvidos no processo	Participantes
Ferramentas	Envio de *pré-work**	Participantes
	Aplicação do teste de mapeamento de perfil	Participantes
	Recebimento do *pré-work**	Participantes e consultor
Entrevista	Construção do roteiro de entrevista	Consultor
	Agendamento das entrevistas	Consultor
	Realização da entrevista e *feedback*	Consultor e participante
Resultados	Análise das ferramentas	Consultor
	Construção de painel com os resultados do grupo e individuais	Consultor
	Construção do mapa de desenvolvimento	Consultor
	Apresentação dos resultados ao gestor	Consultor e gestor

* *Pré-work* é uma ferramenta utilizada como preparação para o processo de mapeamento/avaliação. Esse instrumento pode, por exemplo, conter perguntas sobre as experiências vivenciadas ao longo da trajetória profissional, interesses, decisões profissionais, sobre a autopercepção no trabalho e nos relacionamentos, entre outras questões reflexivas. Além de promover a autorreflexão do indivíduo, possibilita ao entrevistador conhecer, antes do encontro presencial, informações relevantes do avaliado, podendo assim direcionar a conversa de forma assertiva.

Fonte: elaborado pela autora.

Vale ressaltar que o processo de comunicação deve ser cuidadosamente construído nesses processos, pois qualquer tipo de *assessment* pode gerar diferentes sentimentos nos profissionais envolvidos. Por isso, quanto maior for a transparência com os participantes, melhor será o resultado final, não apenas no que diz respeito à participação na entrevista, com a redução da ansiedade, mas também quanto ao reconhecimento de que esse é um processo que trará ganhos individuais aos participantes, pois o *feedback* que receberão os apoiará no autoconhecimento e no direcionamento de seu desenvolvimento. Por isso, antes de iniciar qualquer ação, é importante a realização de um *kick off* (reunião inicial comunicando todos os acontecimentos e as etapas previstas) com os participantes. Nesse momento, é importante salientar os ganhos individuais, detalhar as etapas do processo e como eles serão envolvidos em cada uma delas.

Para apoiar na preparação antes das entrevistas, podemos usar um *pré-work* (atividade de preparação para o momento proposto). Essa é uma ferramenta que deve ser elaborada com o objetivo de obter algumas informações dos participantes, antes mesmo do momento da entrevista, como o detalhamento sobre escolaridade, vivências profissionais, preferências e desafios, ou até mesmo para levantar habilidades técnicas e conhecimentos exigidos para a posição. O uso do *pré-work* otimiza o tempo de entrevista, pois, com as informações obtidas previamente, é possível direcionar as perguntas no momento da entrevista.

A aplicação de ferramentas de mapeamento de perfil, citadas anteriormente, como DISC, MBTI e PI, deverá ocorrer antes das entrevistas, uma vez que seu resultado também apoiará no direcionamento das perguntas e na condução do *feedback* ao término da entrevista.

A realização do *feedback* logo após a entrevista tem se mostrado bastante efetivo, pois nesse momento existe uma maior conexão com o profissional, permitindo a utilização de exemplos que acabaram de ser discutidos, garantindo que, no momento do *feedback*, o profissional tenha maior compreensão de suas habilidades e competências, principalmente ao cruzá-las com suas motivações e expectativas de desenvolvimento e carreira.

Outro fator importante para a realização do *feedback* nesse momento é quanto sua ansiedade em relação ao processo se reduz, à medida que já recebe o resultado do teste aplicado e as percepções que causou ao entrevistador. O impacto no tempo do processo também é reduzido quando o *feedback* já é realizado nessa etapa, não sendo necessário agendar um novo encontro entre o consultor e o profissional.

9.1.3 Como montar um roteiro de entrevista

O roteiro de entrevista deve ser construído com base nas competências que foram definidas em parceria com o gestor da área. Para cada competência levantada, é importante identificar quais são os comportamentos esperados e em qual frequência devem ocorrer, como esquematizado no quadro 2.

Quadro 2. **Competência foco no cliente: comportamento × frequência**

Comportamentos esperados	Todas as vezes	Muitas vezes	Com frequência	Poucas vezes	Raramente	Nunca
Criar estratégias que conquistem o cliente						
Construir relação de longo prazo com o cliente						
Antecipar-se às necessidades do cliente						

Fonte: elaborado pela autora.

Um roteiro detalhado, como o do quadro 2, garante que, na entrevista, seja possível identificar toda a amplitude de cada competência, o que apoiará na análise dos resultados com o cruzamento entre os comportamentos observados *versus* os esperados para a posição atual ou proposta. Além disso, para o desenho do mapa de desenvolvimento individual e em grupo, esse nível de detalhamento facilita o direcionamento das ações a serem priorizadas.

Para cada situação a ser investigada na entrevista, o ideal é que, anteriormente seja preparado um roteiro de perguntas, para avaliar o nível apresentado pelo profissional. Gramigna (2007, p. 110) sugere a metodologia Star para a entrevista por competências, esquematizada no quadro 3.

Quadro 3. **Entrevista por competências**

Estrutura Star	Influência na atuação profissional
SITUAÇÃO	**TAREFA**
O que aconteceu? Onde aconteceu? Como aconteceu? Quando aconteceu? Quem estava envolvido?	Qual era o seu papel? O que você deveria fazer? Para que fazer tal coisa? Que resultados eram esperados de você?
AÇÃO	**RESULTADOS**
O que você fez? Como fez? Como foi a ação? O que os outros fizeram?	Qual foi o efeito da sua ação? De que forma percebeu os resultados? Como soube dos resultados? O que ocorreu depois?

Fonte: Gramigna (2007).

Abaixo, um exemplo da utilização da metodologia sugerida para avaliar um dos comportamentos esperados em relação à competência foco no cliente:

Comportamento esperado: criar estratégias que conquistem o cliente.

Situação: conte uma situação em que você criou uma estratégia que surpreendeu o seu cliente e o deixou muito satisfeito.

Tarefa: qual era a sua posição naquele momento e o que era esperado de você?

Ação: descreva como foi sua atuação. Como identificou a oportunidade, quais foram as áreas e as pessoas que envolveu?

Resultado: qual foi o resultado gerado? De que forma impactou o cliente?

Esse modelo de construção de perguntas se apoia na análise ampliada do papel que o profissional teve em cada uma das situações vivenciadas, como desenvolveu e articulou as ações, mobilizou pessoas e qual sua participação quanto ao resultado apresentado.

Para a apuração, é importante retomar os resultados esperados inicialmente, pois devem nortear as análises.

A análise da entrevista e a dos resultados obtidos por diferentes ferramentas utilizadas apontarão o estágio de desenvolvimento do profissional em cada competência avaliada e o quão distante está do estágio desejado. É importante pontuar também em quais fatores ele se destaca e quais são os seus *gaps* em cada uma das competências. Essa análise também embasará a construção do mapa de desenvolvimento.

Para a apuração dos resultados, a construção de uma escala de mensuração minimiza a subjetividade do processo. A escala construída deve estar alinhada ao número de comportamentos esperados para cada competência.

A seguir, um exemplo de escala para mensurar o estágio de desenvolvimento esperado para cada competência.

Quadro 4. **Estágio de desenvolvimento × pontuação**

Estágios de desenvolvimento	Pontuação a ser atribuída
Referência na competência	17 e 18 pontos
Supera as expectativas na competência	14 a 16 pontos
Atende às expectativas na competência	11 a 13 pontos
Abaixo das expectativas na competência	3 a 10 pontos

Fonte: elaborado pela autora.

Essa escala servirá como referência para identificar o *gap* do estágio de desenvolvimento em cada competência, considerando o nível de desenvolvimento esperado para a posição e o apresentado pelo profissional avaliado. Por exemplo, um dos resultados esperados com o *assessment* era identificar quanto os profissionais haviam se desenvolvido na competência foco no cliente, considerando que, para atingir a nova estratégia da área, essa seria a competência mais exigida dos profissionais. Nesse caso, os profissionais deveriam ser referência nessa competência. No entanto, após o mapeamento de perfil realizado, identificou-se que, para um desses profissionais, a competência foco no cliente estava no estágio de "atende". Nesse caso, esse profissional tem um *gap* de dois estágios nessa competência e, provavelmente, esse será um dos focos no seu mapa de desenvolvimento.

No quadro 5, segue um exemplo detalhado sobre como apurar o estágio de desenvolvimento de cada competência, a partir da análise da frequência apresentada em cada um dos comportamentos esperados para cada competência avaliada.

Se entendemos que para a competência foco no cliente são necessários três principais comportamentos, devemos analisar qual o nível de frequência deve ser observado em cada um deles. Assim, considerando que cada frequência nos aponta como referência uma pontuação – por exemplo, "muitas vezes" equivale a 5 pontos –, devemos somar o total de pontos obtidos na competência foco no cliente e identificar o estágio de desenvolvimento na tabela de referência no quadro 6.

Quadro 5. **Estágio de desenvolvimento na competência foco no cliente: comportamento x frequência**

PONTUAÇÃO	**6**	**5**	**4**	**3**	**2**	**1**
Comportamento/ frequência	Todas as vezes	Muitas vezes	Com frequência	Poucas vezes	Raramente	Nunca
Criar estratégias que conquistem o cliente				X		
Construir relação de longo prazo com o cliente			X			
Antecipar-se às necessidades do cliente					X	
Foco no cliente	9 pontos: abaixo das expectativas na competência					

Fonte: elaborado pela autora.

Quadro 6. **Estágio de desenvolvimento × pontuação**

Estágio de desenvolvimento	Pontuação
Referência	17 e 18 pontos
Supera	14 a 16 pontos
Atende	11 a 13 pontos
Abaixo	3 a 10 pontos

Fonte: elaborado pela autora.

9.2 APRESENTAÇÃO DOS RESULTADOS

Com base nos comportamentos esperados em cada uma das competências, é possível apresentar os resultados obtidos no mapeamento, que devem contemplar alguns pontos, como:

» panorama geral do grupo avaliado, considerando: perfil, motivações, expectativas e estágio de desenvolvimento;

» retrato individual de cada profissional, considerando, além dos aspectos citados no item anterior, estratégias de gestão para esse perfil;

» mapa de desenvolvimento individual e do grupo, considerando seu estágio de desenvolvimento atual × expectativas iniciais do trabalho;

» proposta de desenvolvimento para o mapa destacado, com direcionamento de ações e cronograma;

» percepções finais do trabalho realizado, considerando os anseios dos profissionais avaliados, abertura para o processo e, até mesmo, reações no momento do *feedback*.

9.2.1 Estruturação do mapa de desenvolvimento e direcionamentos estratégicos

Para a estruturação desse mapa, é preciso ter clareza dos objetivos iniciais do mapeamento realizado, e, com base nesses objetivos, pontuar quão distantes ou não o grupo e cada profissional estão desses objetivos, considerando toda a análise realizada. Assim, pode-se sugerir uma estratégia para atingir os objetivos desenhados.

Essa estratégia pode considerar algumas ações para desenvolvimento – que devem estar alinhadas ao perfil do grupo, ao momento da organização e de cada profissional –, como veremos a seguir:

- construção de um programa de desenvolvimento de habilidades ou conhecimentos específicos para esse grupo;
- *job rotation* para adquirir conhecimento específico;
- programa de *coaching* executivo;
- *mentoring*;
- participação em projetos ou fóruns específicos;
- vivência em cursos executivos internacionais;
- ações de retenção de curto, médio e longo prazo;
- ampliação do escopo atual de trabalho.

9.2.2 Fatores de sucesso do *assessment* (mapeamento de perfil)

O mapeamento é uma ferramenta complexa pelo nível de detalhes envolvidos em todo o processo. O sucesso desse trabalho pode ficar comprometido se não forem tomados alguns cuidados, mencionados ao longo deste capítulo, como:

- assertividade no desenho inicial do mapeamento × expectativas do gestor;
- comunicação transparente e no tempo ideal a respeito do processo junto aos participantes;
- preparação do consultor de RH para as entrevistas, com a estruturação do roteiro de entrevista e da análise prévia das ferramentas aplicadas;
- assertividade na condução das entrevistas, evitando julgamentos e obtendo exemplos concretos que justifiquem as percepções obtidas em cada competência;
- minimizar a subjetividade no processo de avaliação, com a construção de uma régua de avaliação dos estágios de desenvolvimento, garantindo também a padronização da metodologia aplicada;
- *feedbacks* estruturados e baseados em fatos apontados pelo profissional no momento da entrevista, alinhando suas oportunidades de desenvolvimento às suas expectativas de carreira;

- devolutiva do mapeamento para o gestor, com propriedade dos fatores avaliados no mapeamento, sem perder o foco no objetivo inicial do trabalho;
- construção do mapa de desenvolvimento e de direcionamento de estratégia alinhados ao momento da organização que direcionem o grupo aos objetivos identificados;
- acompanhamento das ações contratadas no mapa de desenvolvimento, garantindo que ocorram conforme o contratado e identificando necessidades de ajustes necessários, a fim de garantir que a estratégia desenhada seja atingida.

Ao longo deste capítulo, apresentamos uma ferramenta que apoia o profissional de RH no exercício de seu papel, garantindo sua contribuição no desenvolvimento dos profissionais, dando suporte à estratégia da organização.

QUESTÕES PARA FIXAÇÃO DE CONTEÚDO

Reflita sobre o conteúdo apresentado no capítulo e responda às seguintes questões:

1. Você acabou de receber o desafio de identificar os profissionais mais bem preparados de uma diretoria para assumir uma posição gerencial em um curto espaço de tempo.
   a) Como a ferramenta apresentada neste capítulo poderá te apoiar nesse desafio?
   b) Quais são as principais etapas que você deverá conduzir e qual o impacto de cada uma delas nesse processo?
2. Com base no exercício anterior, elabore um roteiro de entrevista que lhe permita identificar todos os aspectos referentes à posição a ser analisada, seguindo os passos abaixo:
   a) Quais são as principais perguntas que você deverá fazer ao responsável por essa estrutura, que o apoiem a refletir sobre as competências essenciais para uma posição gerencial dessa área?
   b) Considerando as competências essenciais dessa posição, quais são as principais perguntas que você deverá fazer aos profissionais para avaliar com profundidade cada uma delas?
3. Reflita sobre os desafios de sua atuação profissional até agora. Em algum deles, poderia ter aplicado o que aprendeu neste capítulo? Caso sua resposta seja positiva, como ele poderia ter contribuído e quais ganhos adicionais você teria alcançado?

REFERÊNCIAS

ARAUJO, A. **Coach:** um parceiro para o seu sucesso. Rio de Janeiro: Elsevier, 2011.

GRAMIGNA, M. R. **Modelo de competências e gestão dos talentos**. 2. ed. São Paulo: Pearson Prentice Hall, 2007.

10. Autorreflexão: plano de ação para a formação do consultor interno

LAURA MARQUES CASTELHANO*

Certamente vocês já ouviram falar sobre o mito do Minotauro, aquele ser mitológico meio touro meio homem. Vocês sabem quem foi Ariadne? Ariadne era filha do rei Minos, de Creta, e se apaixonou por Teseu, um dos jovens atenienses que haviam sido escolhidos por seu pai para serem sacrificados. O sacrifício ocorria a cada nove anos. Minos enviava os jovens como alimento para o Minotauro, que ficava preso em um labirinto. Eram sempre sete homens e sete mulheres. Teseu era um deles. Ariadne, que sabia o segredo do caminho para escapar do monstro e sair do labirinto, forneceu a Teseu um novelo de fio de ouro para que ele o desenrolasse ao entrar no labirinto e pudesse, então, sair seguindo o fio para o caminho de volta, depois que matasse o Minotauro. Teseu, com a ajuda do fio de Ariadne, consegue matar o Minotauro e sair do labirinto. A história é bem mais bonita do que esse pequeno trecho, vale a pena a leitura. Aqui apenas ressalto esse pequeno trecho para ilustrar a discussão do capítulo.

Mitos são metáforas ricas em símbolos e contêm elementos que podem nos ajudar a refletir sobre aspectos da essência humana. Era esse o objetivo da mitologia. A pergunta que cabe é: o que o fio de Ariadne pode nos ajudar a pensar sobre processos de formação e desenvolvimento?

Todo processo de desenvolvimento envolve um caminho, um percurso de reflexão. Podemos fazer a leitura dos mitos e seus símbolos de várias formas. Gosto de imaginar o fio de Ariadne como tendo um papel fundamental na nossa formação como profissionais. O fio de Ariadne como um caminho, um dar sentido para os objetivos.

* Graduada em psicologia, mestre em psicologia social e doutora em psicologia pela PUC-SP. Atua como docente do Núcleo de Psicologia Organizacional da PUC-SP. Contato: laura@gestaodesi.com.br.

A tarefa de matar o Minotauro é a tarefa árdua que vivenciamos todos os dias nas empresas. O labirinto é uma metáfora do percurso que visa à reflexão. Ariadne nos mostra as ferramentas que nos permitem estabelecer um plano, o caminho para o objetivo, que no caso do mito era o de sobreviver, e para isso vencer e matar o monstro. O fio, o recurso para conseguir entrar e sair desse caminho e atingir o objetivo. A meta é o desenvolvimento. Seja de nós mesmos, seja dos outros.

Todo processo de desenvolvimento é um percurso, nosso labirinto, que, por meio do aprendizado, gera amadurecimento profissional. Devemos considerar que, seja para qual objetivo for, esse percurso deve ser muito bem cuidado e pensado sob uma perspectiva definida, um quadro sistemático, que envolve muita análise e reflexão. Durante o processo, as reflexões passam pela "análise de si, do ambiente, da empresa, e das necessidades do setor empresarial e a evolução do mercado" (CLAVIER; DI DOMIZIO, 2007, p. 26).

10.1 BALANÇO DE COMPETÊNCIAS

Na França, desde 1991, existe uma lei chamada *bilan de compétences,* que podemos traduzir como balanço de competências e que, de modo bastante resumido, para não entrar nas questões legais, garante ao profissional o direito de, a cada dois anos, fazer uma avaliação de suas competências com um especialista em carreiras, para montar, consolidar ou rever um projeto profissional e um projeto de treinamento/formação.

Esse tipo de proposição coloca o profissional diante de um modelo contínuo que incorpora à cultura da gestão a avaliação e a análise, independentemente da empresa, transferindo ao profissional a construção de seus objetivos, desejos e desafios.

A ideia da montagem de um projeto profissional é bastante discutida na Europa, principalmente na França, em Portugal, na Espanha e no Canadá no departamento de Quebec, que adotam modelos de gestão de carreiras que extrapolam a visão da organização. De acordo com Botteman, François e Villet-Faucher (2005), o profissional aprende a gerir o seu próprio desenvolvimento, mas, de modo integrado e alinhado, amparado por metodologias e ferramentas, das mais diversas, todas empenhadas em ajudar e apoiar o profissional na reflexão, nas mais diversas fases de sua carreira.

A palavra *projeto* no Brasil, pela minha experiência, é muitas vezes mal interpretada e muitas vezes as pessoas não compreendem o seu sentido. Sempre imaginam algo muito complexo, grande e inalcançável. No entanto, a ideia de projeto é exatamente o oposto disso. Projeto, como aponta Limoges (2001), nada mais é do que "projetar-se", ou seja, colocar-se em um momento à frente, mas sempre se baseando em situações possíveis e reais. Clavier e Di Domizio (2007) utilizam a expressão "pertinência do projeto" exatamente para dar a ideia de que um projeto não é algo idealizado, ele deve estar baseado em sua possibilidade, nas características e avaliações de seu ambiente e do mercado.

Resumindo, o balanço de competências é um modelo sistemático de autoavaliação, que pode ser feito em qualquer momento da vida profissional, com o apoio de um consultor ou de um conselheiro de carreira, que, por meio de ferramentas e metodologias, apoiará o profissional a situar-se em um quadro de desenvolvimento, alinhado com suas características pessoais e profissionais com foco no futuro, visando a implantação de um projeto profissional pertinente e um projeto de formação.

Apesar de no Brasil não termos a lei nem a cultura do balanço, podemos pensar e imaginar como utilizar tais experiências para viabilizar um projeto de formação para nosso desenvolvimento. Como o processo é reflexivo, demanda uma situação de busca de autoconhecimento, com o objetivo de descobrir potencialidades, características, revisitar a própria história e experiência profissional, seus conhecimentos adquiridos, suas competências, ter clareza de suas realizações, seus interesses, seu modo de relacionamento com os outros, seu modo de comunicação e suas contradições, além de investigar o ambiente privilegiado de trabalho e suas motivações, entre outras funções necessárias para a construção do projeto profissional, que é o que fará sentido ao se considerar um projeto de carreira. Na verdade, existe uma infinidade de coisas que podem ser analisadas no balanço.

Geralmente, no balanço de competências, consideramos "quatro grandes áreas de trabalho: os interesses e valores ligados ao trabalho, as competências profissionais, as atitudes e as condições de vida no trabalho" (CLAVIER; DI DOMIZIO, 2007, p. 29).

Nesse contexto, podem ser feitas as seguintes perguntas:

» Quais as suas principais realizações?

» Quais os seus principais conhecimentos adquiridos?

» Quais as suas principais competências desenvolvidas?

» Quais os seus maiores obstáculos?

» Quais os seus momentos mais marcantes?

» O que gosta de fazer?

A seguir, um diagrama que pode ajudar na reflexão:

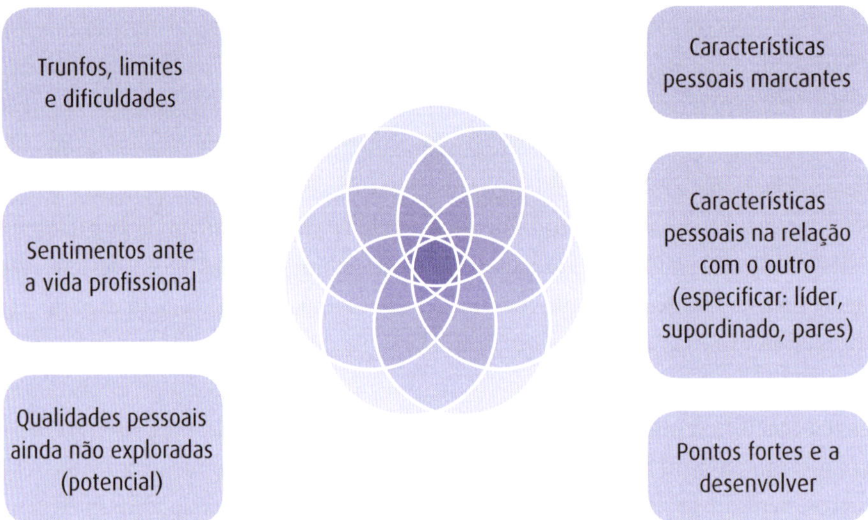

Figura 1. **A imagem de si e a imagem percebida no trabalho**

Lembrando que isso é apenas uma pequena amostra do que pode ser analisado em um balanço.

Garantindo o sentido que o balanço de competências pode nos dar num quadro de desenvolvimento e autoconhecimento, partimos para o próximo passo da formação profissional do consultor interno, perguntando-se: o que ele precisa conhecer, analisar e desenvolver?

Recorro a estes três fatores ou recortes importantes de análise para responder à pergunta e ajudar no desenvolvimento do consultor interno. São eles:

» a estratégia;

» os processos;

» o ser humano.

Os profissionais de recursos humanos precisam estar atentos a esse recorte para conseguir traduzir de modo mais amplo a capacidade de seu trabalho. A minha proposta é desenvolver a capacidade de análise da organização a partir desses três recortes, que serão discutidos a seguir.

10.1.1 A estratégia

Na área de RH, temos de tomar muito cuidado com os "chavões", as frases de efeito e as palavras prontas, pois, muitas vezes, replicamos e não entendemos o seu conteúdo nem os efeitos que produzimos. Isso ocorre muitas vezes quando o profissional de RH responde à pergunta: "o que é ser estratégico?". Geralmente, as respostas são aquelas de sempre: "ser estratégico é estar alinhado ao negócio", ou coisa do tipo. Mas existe uma dificuldade muito grande em compreender o que de fato é uma estratégia, para que ela serve, como se aplica no dia a dia das empresas e qual deveria ser o nosso papel diante dela.

Pense em um jogo de tabuleiro. Você tem os jogadores, as regras, as variáveis, as tendências do jogo, as leituras que podem ser feitas, as atitudes, os modos de comportamento, etc. Estratégia não é o jogo em si. Estratégia é a leitura de todos os componentes que envolvem a ação que, coordenada, sempre visa algo ou alguma coisa.

Portanto, quando falamos que o RH precisa ser estratégico, devemos parar de reduzi-lo ao ganho do negócio e aprender a fazer a leitura macro, ou seja, aprender a fazer a leitura de todos os componentes que envolvem a ação do negócio. De acordo com Govindarajan (2017), ser estratégico significa inovar, olhar para o futuro. Para isso, temos de codificar esse futuro, temos de aprender a ler os cenários.

Um dos papéis importantes que o RH tem dentro da empresa é a função de orientar e apoiar a liderança. Independentemente de como esse papel é estabelecido, pois isso é diferente de empresa para empresa, o fato é que como parte formativa da análise da estratégia está também a análise de como as decisões são tomadas e como podemos aconselhar melhor os líderes (se for possível) a percorrer o caminho da decisão.

Um líder não deve reagir apenas sobre aquilo que já aconteceu. Ele deve estar atento e vigilante e desenvolver a capacidade de antecipação, de pensar à frente, de avaliar e prever o que vai acontecer. "Antecipar é estabelecer prioridades e interesses. É definir aquilo que se precisa conhecer e acompanhar em detalhes, e manter uma vigília estratégica. O futuro não é uma adivinhação, mas a consequência do que já está acontecendo" (GUIMARÃES, 2012, p. 30).

Aprenda a ler os cenários organizacionais, a analisar as tendências. Seja um profundo conhecedor do seu mercado, das transformações que impactarão diretamente em sua prática.

Analisar, aprender e aplicar a estratégia é apenas um dos fatores importantes no desenvolvimento e na formação do consultor interno, aspecto essencial sem dúvida, mas não único.

10.1.2 Os processos

Todo consultor interno deve ser conhecedor dos processos e das práticas da gestão de pessoas que envolvem suas atividades e as atividades das áreas que apoia.

Esse fator talvez seja o de mais fácil desenvolvimento, no entanto é o mais trabalhoso para ser implantado. Fácil porque geralmente envolvem métodos já preestabelecidos, testados, detalhados em manuais. O mais trabalhoso porque o mapeamento dos processos é o que nos consome mais tempo. Dependendo de nossa atividade, gastamos mais tempo com os processos que são designados em nossas funções e atividades do que com os outros dois fatores, que são mais analíticos.

Amplie seus conhecimentos sobre os principais processos de RH. "Como" é palavra-chave da pergunta para esse fator. Como atrair os melhores para a organização X do setor Y? Como desenvolver líderes na organização X? Como criar medidas e indicadores de *performance* para a organização X?

Aprenda sobre novas ferramentas que tenham surgido no mercado. Amplie suas interações com outras empresas. Aprenda a fazer melhor aquilo que já faz. Estabeleça planos, critérios, medidas e mensurações. Desenvolva uma prática processual, que ao longo de seu trabalho consiga predeterminar as rotas, as falhas e os avanços.

10.1.3 O ser humano

Esse fator foi deixado por último, por ser considerado um dos mais importantes e negligenciados dentro das empresas. Primeiro, porque olhar para os aspectos humanos é uma das coisas mais desafiadoras que existe. Segundo, porque, quando estamos pensando na nossa formação, estamos também envolvidos pelas redes relacionais e emocionais que estão presentes nas empresas. Esse relacionamento próximo obriga a se ter muito mais cuidado, cautela e análise. Terceiro, porque, por conta da grande dificuldade que há nesse "decifrar humano organizacional", muitos negam e evitam olhar para o que é evidente, entrando num jogo em que atuam os mecanismos de defesa, agarrando-se apenas à estratégia e aos processos, acreditando que isso daria conta do resultado final. Isso, normalmente, gera problemas. Olhar para os aspectos humanos é essencial, é crucial. Afinal, estamos falando do desenvolvimento e da formação de um profissional de recursos humanos.

Quando observamos o ser humano na organização, temos uma imensidão de possibilidades. Para facilitar, primeiro, aprenda a fazer esse tipo de análise, que envolve a capacidade de leitura de ambiente, já que o discurso organizacional é sempre muito racional e lógico. Segundo, amplie a capacidade de compreensão de seu próprio funcionamento. Terceiro, melhore a sua compreensão do outro e, finalmente, aprenda a compreender as influências das interações e relações.

Observe como as emoções estão presentes nas relações e no contato das pessoas com o trabalho e com aquilo que definem no imaginário como sendo a empresa. Aprenda a desenvolver leituras desse tipo. Inclua-se nessa análise, isso é importante.

A dinâmica relacional é um dos aspectos importantes que pode ser observado e analisado. Como ocorrem as interações? Qual o foco da decisão e do poder? O que se projeta no outro? O que projetam em você? Quem são os líderes? Quem decide?

Outro aspecto importante é ficar atento à dinâmica emocional. Melhore a sua compreensão de si. O que te afeta? O que te impacta? Quem influencia quem do ponto de vista emocional? Como suas percepções estão sendo influenciadas por suas emoções? Observe suas atitudes e verifique quais são as mais frequentes, quais as que se repetem com mais frequência e com que tipo de relação?

Observe as pessoas, mas evite julgamentos. Antes de agir, pense, analise. Fique atento ao que suas emoções "estão dizendo" para compreender melhor o outro. Não é uma tarefa fácil. Exige um trabalho constante.

No campo do desenvolvimento de pessoas, a busca pela "linha-mestre" ou por nosso fio de Ariadne deve considerar a ideia de que o caminho percorrido terá seus efeitos e que esse caminho deve nos exigir um projeto reflexivo, pois só assim poderemos assegurar significados e o sentido com o que se faz e com o que desenvolve.

Faça constantemente o balanço de suas competências, aprenda que o desenvolvimento exige uma ação contínua e constante. Alinhe e realinhe o balanço com seu projeto profissional. Perceba o ambiente, analise sua situação e contexto de modo sistemático e aprenda a lidar com a gestão emocional.

QUESTÕES PARA FIXAÇÃO DO CONTEÚDO

Reflita sobre o conteúdo apresentado no capítulo e responda às seguintes questões:

1. Faça uma análise de seu passado profissional e preencha os itens do quadro abaixo:

Incidentes profissionais marcantes (fatos)	Impacto sobre você	Aquisições: competências, compreensões	Aprendizado

2. Liste algumas competências que conhece. Depois, responda às perguntas a seguir, organizando as suas respostas no quadro:
   - Que competências são essenciais em sua atividade hoje?
   - Como você se avalia em cada uma dessas competências?
   - Que ações podem ser definidas para conseguir desenvolver as competências que determinou?

Competência	Nota (1 a 5)	Ação de desenvolvimento

REFERÊNCIAS

BOTTEMAN, A. E.; FRANÇOIS, P. H.; VILLET-FAUCHER, M. Le rôle des inventaires d'intérêts professionnels dans le bilan de compétences. In: **Revue Carrierologie**, v. 10, n. 1-2, p. 221-250, 2005.

CLAVIER, D.; DI DOMIZIO, A. **Accompagner sur le chemin du travail:** de l'insertion professionnelle à la gestion de carrière. Sainte-Foy: Septembre Éditeur, 2007.

GOVINDARAJAN, V. A. **Estratégia das 3 caixas:** um modelo para fazer a inovação acontecer. São Paulo: HSM, 2017.

GUIMARÃES, G. **Liderança positiva**. São Paulo: Évora, 2012.

LIMOGES, J. **Stratégies de maintien au travail**. Sainte-Foy: Septembre Éditeur, 2001.

Considerações finais

Para nós, desenvolver este livro, explorar as nuances de atuação do consultor interno e suas possibilidades, foi mais do que um caminho: foi uma jornada. Esperamos que para você, leitor, esta seja apenas a inspiração inicial para pôr suas ideias em prática no dia a dia da organização.

Sabemos que o conhecimento nunca se encerra. Estamos em constante movimento, sendo afetados pelos desafios que são tão inerentes a quem trabalha nas organizações, ainda mais no tempo que vivemos, com a velocidade exponencial de novas tecnologias, com o compartilhamento de saberes e conexões.

Aprender e se reinventar nesse mundo dinâmico é uma habilidade necessária, principalmente para a atuação do consultor, que exerce um papel de grande relevância e influência organizacional. Ser sagaz, desenvolver o poder de escuta e a postura de eterno aprendiz são alguns elementos que possivelmente municiarão o sucesso do consultor de hoje e do futuro.

Nosso desejo é que este livro tenha contribuído para agregar ao consultor interno instrumentos para sua atuação, trazendo informações relevantes, conhecimento técnico e fontes de reflexão para enriquecer seu desempenho e atuação.

Esperamos que a missão tenha sido cumprida e que as sementes plantadas aqui deem muitos frutos daqui em diante.

Sobre as organizadoras

Juliana Camilo Graduada em psicologia pela Universidade São Francisco (USF), mestre e doutora em psicologia social pela PUC-SP. É docente no Departamento de Psicologia Social da PUC-SP e coordenadora de diferentes cursos de gestão na Coordenadoria Geral de Especialização, Aperfeiçoamento e Extensão (COGEAE) dessa instituição. Possui vasta experiência na área de recursos humanos, desenvolvendo e implementando soluções específicas capazes de dar sustentação ao varejo, ao *contact center* e à área industrial. Atua na coordenação, no desenvolvimento e na implementação de ações diversas em T&D (treinamento de vendas, programas de formação, etc.), de programas de saúde do trabalhador e de recrutamento e seleção (recolocação, estruturação do processo de recrutamento interno, etc.), bem como de pesquisa de clima (para 70.000 funcionários) com a metodologia Great Place to Work. Contato: jacamilo@pucsp.br.

Jussara Lemos Soares Penhalbel Graduada em psicologia pela Universidade Metodista de São Paulo (UMESP), pós-graduada em finanças pela Fundação Getulio Vargas (FGV), com MBA em gestão de pessoas pela mesma instituição. Possui experiência de quase vinte anos na área de recursos humanos, com foco nos temas de desenvolvimento organizacional (principalmente em empresas do segmento aéreo e bancário), atração e seleção de talentos, educação corporativa, gestão de clima e cultura organizacional, entre outros. Atualmente, é docente dos cursos de extensão de recursos humanos na PUC-SP. Contato: ju_ssara@hotmail.com.

Laura Marques Castelhano Graduada em psicologia, mestre em psicologia social e doutora em psicologia pela PUC-SP. Realizou cursos de formação em desenvolvimento de carreiras e processos de reinserção profissional na França e no Canadá. Carreira desenvolvida em consultoria francesa especializada em gestão de carreiras e processos de reestruturação de empresas, atuando como consultora, coordenadora e, depois, diretora da área. É docente do Núcleo de Psicologia

Organizacional da PUC-SP e dos cursos de gestão de pessoas da Coordenadoria Geral de Especialização, Aperfeiçoamento e Extensão da PUC-SP (COGEAE). Contato: laura@gestaodesi.com.br.